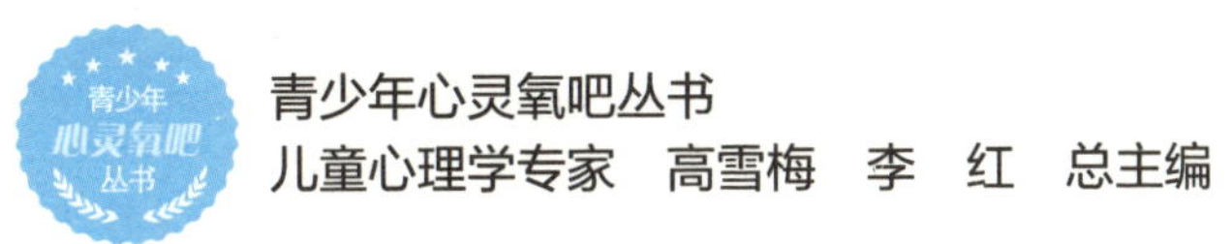

青少年心灵氧吧丛书

儿童心理学专家　高雪梅　李　红　总主编

跟叛逆说再见

第三版

高雪梅　主编

邹锦秀　杜　倩　副主编

西南师范大学出版社

国家一级出版社　全国百佳图书出版单位

图书在版编目(CIP)数据

跟叛逆说再见 / 高雪梅 主编 . — 3版 . — 重庆 : 西南师范大学出版社 , 2021.1

(青少年心灵氧吧丛书)

ISBN 978-7-5697-0683-3

Ⅰ. ①跟… Ⅱ. ①高… Ⅲ. ①青少年－心理健康－健康教育 Ⅳ. ① G444

中国版本图书馆 CIP 数据核字 (2021) 第 016871 号

青少年心灵氧吧丛书

总主编: 高雪梅　李　红　**策　划:** 米加德　郑持军

跟叛逆说再见

GEN PANNI SHUO ZAIJIAN

主编: 高雪梅　**副主编:** 邹锦秀　杜　倩

责任编辑: 雷　刚
责任校对: 胡秀英
封面设计: 畅想设计
排　　版: 张　艳
插图设计: 覃　峻　夏何青青
出版发行: 西南师范大学出版社
地址: 重庆市北碚区天生路 1 号
邮编: 400715　市场营销部电话: 023-68868624
http: //www.xscbs.com
经　　销: 新华书店
印　　刷: 重庆紫石东南印务有限公司
幅面尺寸: 170mm×240mm
印　　张: 10
字　　数: 215 千字
版　　次: 2021 年 4 月第 3 版
印　　次: 2021 年 8 月第 2 次印刷
书　　号: ISBN 978-7-5697-0683-3
定　　价: 35.00 元

衷心感谢被收入本书的图文资料的原作者，由于条件限制，暂时无法和部分原作者取得联系。恳请这些原作者与我们联系，以便付酬并奉送样书。

若有印装质量问题，请联系出版社调换。

“青少年心灵氧吧”丛书

编委会

给同学们的一封信

亲爱的同学：

你好！

当你哼唱着青春的歌谣告别童年，是否觉得自己在一夜之间就长大了？你是否曾因打破常规而与老师针锋相对？是否曾为了发型、服饰而与父母斗智斗勇？是否既渴望成熟和自由，又希冀有人把你捧起来放在心上？

当你一只脚踏进青春，另一只脚还留在天真的童年里，跌跌撞撞中，你也在为自己的叛逆而感到惶恐和不安吧？

叛逆是什么？为什么会叛逆？叛逆会带来什么？……为了解答你心中的疑惑，我们撰写了这本小册子。“叛逆那些事儿”会让你了解叛逆表现在哪些方面；“为何而叛逆”将解释我们这个年龄为什么会叛逆；“打开叛逆的心扉”和“跨越叛逆的坎”会告诉你应该如何应对叛逆；而“超越叛逆的自我”将让你发现叛逆的价值。

慢慢地，你将会发现，叛逆不再只是不成熟的代名词，它更是我们生命中不可或缺的财富。叛逆会让我们学会生活，学会成长，会让曾经依偎在父母身旁的“小小鸟”羽翼渐丰，飞得更高更远！

亲爱的同学们，让我们陪你一起走过这段特殊的成长之路，超越叛逆，让生命充满快乐和阳光吧！

编者

2014年5月

目录

CONTENTS

其实只要我们稍微改变一下我们的行为方式，生活中的很多问题是可以避免的。比如，你把心里话说出来，双方的误解就可能会消除；你可以试着控制一下急躁的脾气，放松一下，也许气氛就不会那么尴尬。

如果正确对待叛逆，叛逆也可以为我们的成长带来无尽的动力。它可以让我们向别人证明自己的力量；可以让我们尝试冒险，让我们的生活充满挑战；也可以让我们发掘自己无限的潜能。

第一篇　叛逆那些事儿

叛逆是什么？是我们那些“出乎意料”的行为，是在课堂上公然与老师作对，是在行为上追求与众不同，是在思想上喜欢标新立异，是在生活中寻找自由……

1. 叛逆，无言的呐喊

成长语录

成长的路上，叛逆是我们在彷徨中无言的呐喊。

心灵絮语

小风最近迷恋起了王者荣耀，晚上玩到很晚，白天上课却困得不行。上午第一节是数学课，王老师讲得眉飞色舞，可是小风的眼皮开始打架，接着整个人都睡过去了。

“张小风，站起来！”王老师把差点流口水的小风叫醒了。

小风慢悠悠地站起来。“为什么这么困？昨晚干什么去了！”王老师问道。

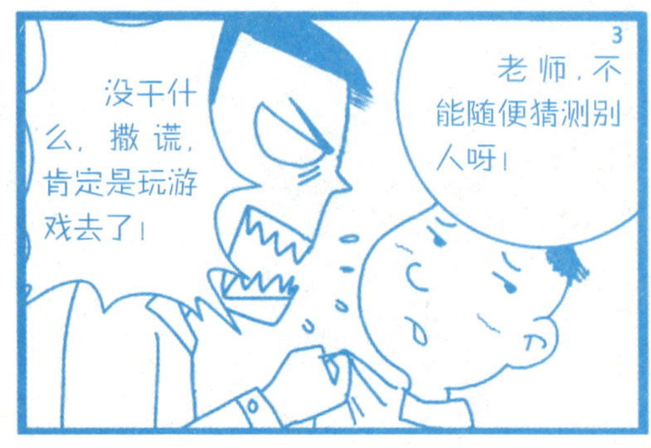

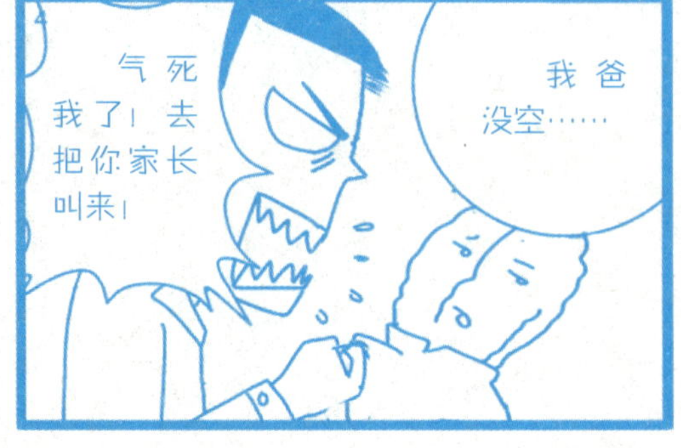

“没干什么呀！”小风漫不经心地回答。

班上同学大笑，这可把王老师气得够呛，“没干什么，撒谎，肯定是玩游戏去了！”

“老师，不能随便猜测别人呀！”

“那你就在位子上站会儿，省得又睡着。”

“站着就站着，没什么大不了！”

王老师忍无可忍，说道：“给你爸打电话，叫他到学校来一趟！”

“我爸没时间，老师！”

是啊，要不他怎么成老油条了呢？王老师只好让小风站着上完课，让他课后写检讨。但是这一点也难不倒小风，写检讨已经成了家常便饭了！

我来想一想

1. 小风为什么会和数学老师作对呢？
2. 假如你是小风的同学，你会怎么看小风的行为呢？
3. 你写过检讨吗？还记得是因为什么事情写的检讨吗？

心理博士说

青少年正处于心理的过渡期，随着年龄的增长，我们的独立意识和自我意识日益增强，迫切希望摆脱成人的监护。我们开始反对成人把自己当“小孩”，开始有了自己的想法，为了表现自己的“长大”和“非凡”，就对大多数事物都倾向于采取批判的态度。父母、老师在我们心中也已经不是绝对的权威了，有时候我们还会故意和他们作对。当出现这些表现的时候，就表示叛逆期已经悄然而至。

心理学家何林沃斯把这段希望摆脱成人监督，变得相对独立的时期称为“心理断乳期”，这个时期是青少年从幼稚走向成熟，开始主动承担责任，逐渐形成自己的个性，成就一个完整的自我的过程。

这个时期尽管我们的自我意识发展了，但自我控制能力还很差，常会无意识地违反纪律；我们喜欢与人争论，但论据不足；喜欢发表见解，却又常判断不准；喜欢批评

别人，但又容易片面；喜欢怀疑别人，却又缺乏科学依据。

因此，在此期间我们的内心容易纠结、痛苦，同时最容易迷失。叛逆心理从我们身上全方位表现出来，往往有以下一些表现：

一、我的事情我做主

“我的事情我做主！”“我不要你管！”这是我们面对长辈的啰嗦时最常见的叛逆的声音。这一时期我们不喜欢按照别人说的去做，会用很大的力量，如通过与家长、老师对抗、顶嘴、唱反调来证明我们心目中的自己“已经是一个大人了”。

二、没有秘密长不大

独立活动的愿望变得越来越强烈，有了一些自己的小秘密，并且许多想法不再拿出来与人广泛地交流，而是只和几个要好的同学在小范围内说一说。

三、故意挑战权威

对父母、教师和学校的正统教育，表现出一种不认同、不信任的反向行为。对多数成人，尤其是家长和老师则采取消极、敌对和对抗的态度和方式，将他们视为“敌人”；偏不按照大人说的来做，认为他们对自己不太信任；故意挑战权威，常用漠视、乱扔东西、尖叫等发脾气的方式来反抗成人的要求，故意违反规章制度等。

四、喜欢与众不同

喜欢我行我素，“让别人去说吧”成为我们的口头禅。自己喜欢怎样就怎样，当有了矛盾或者做某件事碰壁时，也不会轻易向老师或家长求助，而是用自己的方式解决

问题，听不进去正确的劝告和建议，也不理会别人的感受。为了显示自己的与众不同，常常在穿着和言行方面表现怪异，通过这些行为去表现自我。

心海拾贝

青春期在生物学意义上是指人体由不成熟发育到成熟的转化时期，也就是一个孩子由儿童到成年的过渡时期。青春期叛逆作为一种心理现象和行为特征，与哪些因素有关呢？

一、青春期生理迅速发育

青春期的大脑结构和机能已趋于成熟，思维方式或视角已经超越童年期单一化的正向思维，向逆向思维、多向思维和发散思维等方面发展；性别意识、性意识逐渐形成和得到强化，进而逐渐形成强烈的个性意识、独立意识。

二、心理上不成熟的表现

青少年在心理上的成熟滞后于生理上的成熟，在心理认知的发展上，由于阅历和经验的不足，认识是不牢固的、容易动摇的。思维虽然有独立性、批判性，但认知事物和问题时，由于不全面客观而会出现偏激、片面、固执甚至极端化，把家长、教师的劝说、指点、提醒和督促都看成不理解、不尊重自己的管教与约束，会在好奇心的驱使下做出违背施教者初衷的事情。

三、家庭的不良因素

家长的教育方式简单粗暴，命令式的说教、专断式的压制、无休止的唠叨以及在生活、学习等方面期望值过高、要求过严等，都会给孩子造成心理上的压力，天长日久，孩子在心理上就会有抵触，进而产生叛逆心理。

四、学校的不良因素

学校教育中一些教师的教育方法与手段如有不当，如不尊重和体谅学生、方法简单、出口伤人等，容易使青春期的孩子采用叛逆和对抗这种扭曲了的方式来争取自己的主体性权利和自主性要求。

五、同辈群体不良因素的影响

同辈群体或相近群体的互相认同、相互感染与转化作用非常大，在青少年中出现的不良英雄观，如爱出风头、唱反调等可能潜移默化地影响心理不稳定和模仿性强的孩子，容易形成叛逆心理。

六、大众传播与社会文化的影响

以电视、网络为主的大众传播媒介的特点是注重大众化、新奇性，因而不可避免地存在一些对青少年起负面作用的成人文化中的不良、世俗的因素，影响着青少年反文化心态和反文化意识的形成。

心理么么茶

叛逆

在每处泥墙上也有我梦想
我挥笔写上期望个个传扬
在每处泥墙上也有我梦想
让世界立刻震动怪我没志向
心中不觉异样不要世人明谅
所走的新路是平常无人愿往
常人醉心的理想于我绝未欣赏

常人爱的是俗色脂粉却非我心景仰
在每处长桥上也有我梦想
以小刀刻上指示我里程漫长
在每处长桥下我肆意踏江
但我知岸的两面怪我甚鲁莽
千夫指我叛逆可笑世俗眼光
只睇到表象便随时胡言乱讲

——节选自歌曲《叛逆》

2. 为了挣脱茧的束缚

成长语录

风筝飞得高，是靠线的牵引。断了线的风筝，虽然无拘无束，但一定会很快栽下地来。离开父母庇护的青少年往往就像断了线的风筝，获得了瞬间的自由，却丧失了飞得更高的助力。

心灵絮语

“玲玲，不要吃垃圾食品，多吃水果和蔬菜，每天要喝一杯牛奶，你现在正在长身体……”

“妈，我知道了！”玲玲不耐烦地打断了妈妈的话。

放学了，玲玲用攒来的零花钱在校门口超市买了一包辣条、一包薯片和一瓶可乐，心里美滋滋的。快到家了，得赶紧把东西吃完。玲玲心里想着：千万不要被妈妈逮着，不然又要啰唆一阵了。

回到家，玲玲跟妈妈说：“妈，周末我们同学要去烧烤聚会。”

妈妈说：“烧烤多不卫生，你们小孩子家家又不会烤，吃了肯定拉肚子，不要去。”

“可是我们放学前都说好了。”

“就知道弄些跟学习无关的事情，有这心思还不如好好看看书。你看人家隔壁的小环，学习多认真啊，不像你成天往外跑，吃些不健康的东西……”

玲玲“砰”的一声关了房门，不愿听妈妈再说下去了。她觉得自己一点自由都没有，不能做自己喜欢的事情，每天就知道逼自己学习。

我来想一想

1. 玲玲为什么会出现这些反应？
2. 你的父母是否也会这样限制你？
3. 生活中，你是不是也非常渴望父母或老师给你自由？

心理博士说

大多数同学可能都有过类似于玲玲这样的体验，随着年龄的增长，我们对事物开始有了自己的看法，不再想要依赖父母，很多事情也不再愿意和爸爸妈妈分享了。

在这个时期，我们往往会觉得母亲总是唠叨管束，父亲则呆板说教，并开始产生反感。因为，这一时期的我们已经进入青春发育期，突出表现是具有逐渐增长的自我意识，但又社会经验不足；身高的增长和生理的逐渐成熟，使我们认为自己已是大人了，但心理上又摆脱不了儿童的习惯和幼稚行为。

这种不和谐的矛盾使我们产生了心理上的“自我不协调”的冲突，在潜意识里憎恨自己的软弱和无能，有了困惑，更愿意求助同学、朋友，而不愿和父母交流。

处于这个时期的我们有时非常自信，有时却非常自卑；有时莫名其妙地向父母发脾气，做什么事都我行我素，不愿意与父母商量，富于冲动和冒险性，用反抗来探索自己的价值与力量；有时又后悔对待父母的态度不好……这种情绪的变化正好反映了我们认识上的不足，如处理不当，极易导致各种心理方面的问题，也容易影响我们与父母之间的关系。

父母不知道我们在想什么、是怎么想的等，往往就会产生很多误会，也可能会带来不必要的烦恼和担心。所以，我们要学会理性地和父母沟通，得到他们的支持和理解。当我们不再以儿童的方式（哭、争吵等），而是以一个成人的方式（沟通、理解等）与父母交流，父母就会觉得我们长大了而学会慢慢放手，给予我们更多的时间和空间让我们自由成长。

心海拾贝

家庭中的超限效应

美国著名幽默作家马克·吐温有一次在教堂听牧师演讲。最初，他觉得牧师讲得很好，使人感动，准备捐款。过了10分钟，牧师还没有讲完，他有些不耐烦了，决定只捐一些零钱。又过了10分钟，牧师还没有讲完，于是他决定，1分钱也不捐。到牧师终于结束了冗长的演讲，开始募捐时，马克·吐温由于气愤，不仅未捐钱，还从盘子里拿走了2元钱。

心理学上将这种刺激过多、过强和作用时间过久而引起心理极不耐烦或反抗的心理现象，称为“超限效应”。

超限效应在家庭教育中时常发生。同学们可能都有这种体验：当考试没考好时，父母会一次、两次、三次，甚至四次、五次重复对一件事做出同样的批评，使得我们从内疚不安到不耐烦，最后变得反感。被逼急了，就会出现“我偏要这样”的反抗心理和行为；同样，当我们有什么需要总是一而再，再而三地用同一种方法要求父母时，父母也会因为我们的重复行为和语言而产生烦躁的心理。

我们知道了超限效应这一现象，就要学会去避免它带来的负面影响，比如我们在向父母提出要求或争取权利时，就不能采用单一的方法，而是要多换几个角度，多想一些办法，才会使父母更多地支持我们正确的选择。我们还可以把这个有趣的效应告诉父母、老师，让他们也能够尽量在教育中减少超限效应。

心理么么茶

摆脱“黑人”的束缚

罗杰·罗尔斯是美国纽约州历史上第一位黑人州长。他出生在纽约声名狼藉的大沙头贫民窟。那里环境肮脏，充满暴力，是偷渡者和流浪汉的聚集地。在那儿出生的孩子，耳濡目染，他们从小逃学、打架、偷窃甚至吸毒，长大后很少有人从事体面的职业。然而，罗杰·罗尔斯是个例外，他不仅考入了大学，而且成了州长。

在就职的记者招待会上，一位记者对他提问：是什么把你推向州长宝座的？面对三百多名记者，罗尔斯对自己的奋斗史只字未提，只谈到了他上小学时的校长——皮尔·保罗。

1961 年，皮尔·保罗被聘为诺必塔小学的董事兼校长。当时正值美国嬉皮士流行的时代，他走进大沙头诺必塔小学的时候，发现这儿的穷孩子比“迷惘的一代”还要无所事事。他们不与老师合作，旷课、斗殴，甚至砸烂教室的黑板。皮尔·保罗想了很多办法来引导他们，可是没有一个是奏效的。后来他发现这些孩子都很迷信，于是在他上课的时候就多了一项内容——给学生看手相。他用这个办法来鼓励学生。

当罗尔斯从窗台上跳下，伸着小手走向讲台时，皮尔·保罗说：“我一看你修长的小拇指就知道，将来你是纽约州的州长。”当时，罗尔斯大吃一惊，因为长这么大，只

有他奶奶让他振奋过一次，说他可以成为五吨重的小船的船长。这一次，皮尔·保罗先生竟说他可以成为纽约州的州长！这着实出乎他的意料。他记下了并且相信了这句话。

从那天起，“纽约州州长”就像一面旗帜。罗尔斯的衣服不再沾满泥土，说话时也不再夹杂污言秽语。他开始挺直腰杆走路，在以后的四十多年间，他没有一天不按州长的身份要求自己。五十一岁那年，他终于成了州长。

在就职演说中，罗尔斯说：“在这个世界上，信念这种东西任何人都可以免费获得，所有成功最初都是从一个小小的信念开始的。”

3. “可敬可畏”的冒险精神

成长语录

不敢冒险的人既无骡子又无马；过分冒险的人既丢骡子又丢马。

——【法】拉伯雷

心灵絮语

我叫小风，喜欢冒险。

伙伴们！我们来一场自行车比赛吧！

嘿嘿嘿，看谁骑得快！

哇——救命呀！

我叫小风，喜欢冒险和尝试新鲜的事情。

上星期几个朋友约我出去玩，我们骑着自行车在路上飞奔，路上的车很少，大家兴致来了不停地耍技术，有的单手掌龙头，有的直接将两只手撒开……真是又刺激又有趣。有同学提出赛车，所有的人高声附和，随着一声“开始”，大家都开足马力，一路狂奔，一时竟忘了害怕，竟忘了我们是在车来车往的公路上。

前面一个急弯，当我发现对面驶来一辆大卡车时，已经来不及多想，立马拐进了路边的排水沟里，我一时失去了知觉，只知道害怕抓住了我，我感到似乎死神已经到来了……

我来想一想

1. 你有过小风这样通过冒险来成为众人焦点的心理吗？
2. 有的同学为什么喜欢冒险？
3. 我们怎样才能在一些危险活动中把伤害降到最低？

心理博士说

青少年时期是冒险行为的高发期，冒险可以锻炼我们的意志，培养我们勇敢的精神，但是无谓的冒险却会将我们带入一种危险的境地，甚至使我们丧失生命。

青少年爱冒险。青少年反应机敏、耳聪目明，应该是最好的驾驶者了吧？但美国公路安全保险研究所的研究表明：青年人发生车祸的概率比年长司机约高四倍；因车祸伤亡的概率，约是年长者的三倍。为何会如此？原因就是青少年爱冒险！

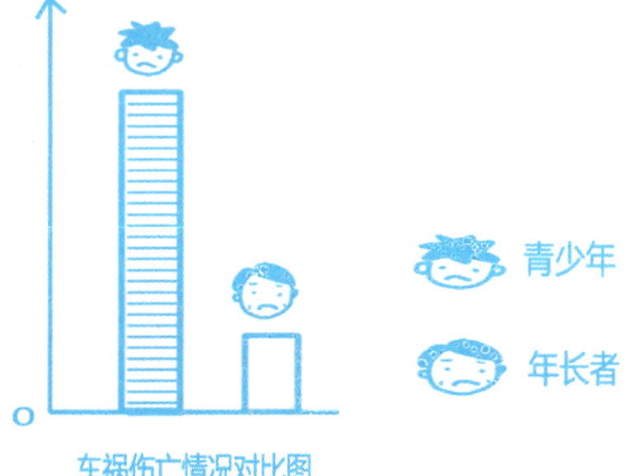

车祸伤亡情况对比图

冒险是年轻人心智成长的一部分，因此，冒险行为在青少年时期达到顶峰。青少年在成长的过程中，不断受到电视、视频游戏等媒介的诱惑和刺激。新鲜玩意儿多了，也就不再觉得新鲜，唯有增加表演难度，才能引人注目，才能让内心感到更加刺激，青少年也往往因自己不成熟的冒险而受伤。

我们可以在有准备的条件下适当地进行冒险。我们不能为了冒险而置自己的安危于不顾，因此在生活中，我们不妨尝试一些更安全的冒险行为，比如安全攀岩、模拟帆板、安全探险……这样的冒险不仅更有意义，也更能够锻炼可贵的勇敢精神！

心海拾贝

为什么有些人爱冒险？全是多巴胺在作祟！

英国《泰晤士报》曾报道，美国范德比尔特大学和爱因斯坦医学院研究人员联合进行的一项研究表明，之所以有人爱冒险，是因为一种叫作神经传递素多巴胺的化学物质在作祟，它能使大脑感到快感。

研究人员发现，在冒险者的脑海中，储藏多巴胺的“接收器”比一般人少。也就是说，冒险爱好者每次追求新的刺激时都会品尝到比一般人更大的快感，因为他们的大脑中没有足够的多巴胺“接收器”来储藏这些物质。这种瞬间的强刺激促使他们不断重复同样的冒险行为或追求新的刺激，就像吸毒者寻求新的快感一样。

哈佛大学精神病学教授布鲁斯·科恩说：“这一发现的确有趣。这让我们知道了为什么人类喜欢追求新奇刺激，原来多巴胺是我们追求刺激的奖励。”

科恩说，这有助于更好地了解人类追求刺激的行为，帮助研究人员找到更有效的医治吸毒行为的途径。如果未来的研究能够进一步证实，吸毒者是因为大脑中的多巴胺“接收器”比正常人少，那么就可以设计出一种有多巴胺“接收器”作用的药物，从而把这些病人的多巴胺水平降至正常范围。

马可·波罗：走进中国

在中世纪的意大利，当其他小伙伴还沉迷于弹子游戏时，马可·波罗的父亲和叔叔问他：要不要同他们一起从意大利到中国旅行。现在，让我们看看真正不可思议的事吧：这个热爱冒险的17岁男孩，竟然毫不犹豫地答应了！马可说，在旅行中，他在沙漠里仿佛听到了死神的召唤。但是，当他到达庞大而辉煌的元大都（元朝首都）时，他觉得这一切都是值得的。因为一切都那么神奇：可以买东西的纸（币）、色彩艳丽的文身、像西方神话中的独角兽一样的犀牛……

马可将这次旅行经历写成了一本很受欢迎的书——《马可·波罗游记》。后来，就是这本书唤起了另一名意大利青年的冒险精神，他就是发现新大陆的哥伦布。

4. 不走寻常路

成长语录

只有一条路不能选择，那就是放弃的路；只有一条路不能拒绝，那就是成长的路。

心灵絮语

一只特立独行的青蛙

旺达是附近镇上一位善良的巫婆，她干这一行已经整整221年了。旺达最大的梦想就是有朝一日能成为一位仙女教母。为了实现理想，她花费了103年的时间，在仙女教母学院刻苦学习，在学业全部结束的最后一个早晨，校长通知旺达准备迎接最后一项测试。在这项测试里，旺达被要求对今天出门后所遇到的第一个动物施加魔法，无论这只动物被变成什么，这只动物必须说一句："啊哈！真是一个开心的日子，我是一个××。"如果它真的说了，旺达就算通过了测试，她将能穿上粉红闪光的裙子，戴上一顶金色的皇冠，拿着一根镶着水晶星的魔法棒，成为一名仙女教母。相反，如果失败了，一切就得重新开始——旺达将回到学校再学习103年。

旺达遇到的第一只动物正好是查理，一只绿色的小青蛙，旺达挥动手中的魔法棒，念了一句咒语，然后只听"噗"的一声，查理，那只绿色的小青蛙，竟然变成了一位王子。他大叫起来："嘿！你把我变成了王子，没错，这是一个惊喜。但是我根本不想做王子，

我只想做一只青蛙。快把我变回去！”

“查理，我一点也不明白，有谁不愿意成为王子，而甘心做一只青蛙呢？”

“我不愿意，我宁愿做一只青蛙。”查理嚷道，一只虫子从他鼻尖前飞过，他伸出舌头，却没抓住。“瞧瞧，旺达，我曾经是一个捉虫好手，而且我的眼睛高高地长在头顶，这样前后左右我都能一下子看得一清二楚。可是，你看看现在的我，眼睛长在脸上，我一次只能朝一个方向看。我也没有城堡，旺达，什么王子会像我这样？我真的宁愿是一只青蛙，请把我变回去吧！”

旺达没有办法，她挥动了她的魔法棒，只听“噗”的一声，王子变回了一只绿色的小青蛙。

查理跳到一片荷叶上，他看着水中的自己的倒影，说：“旺达，你成功了，啊哈！真是一个开心的日子，我是一只青蛙。”

旺达微笑着对自己说：“看来我必须准备在学校度过下一个103年了，有什么要紧呢？只要查理开心，其他的都不重要。”

校长挥动着他手中的魔法棒，你瞧，巫婆旺达变成了仙女教母旺达：粉红闪亮的长裙，镶着水晶星的魔法棒……

旺达没有替自己考虑，她一心想着让查理开心。“为他人着想”是作为一位仙女教母所必须具备的最重要的品质。

——摘自《双语故事》

我来想一想

1. 青蛙为什么不愿意变成王子？

2. 如果是你会跟旺达一样理解这只青蛙吗？

3. 你会在做一件事的时候为他人着想吗？

心理博士说

青少年时期是人生发展中一个极其重要而又充满危机的时期。这一时期的青少年往往要经历较为激烈的内心冲突和外部冲突的磨炼，情感两极化明显，也易出现挫折感、悲观心理、逆反心理等。

逆反是我们在成长过程中寻求独立、自我发展的心理现象，一方面我们在向成人世界宣告我们长大了，要争取独立自主的权利；另一方面它又是我们在社会化过程中形成的一种反常态教育的心理倾向。

在这个时期，我们往往会通过引起注意、发泄不满、标新立异甚至采取对抗行为等展现我们的成长，如为了引起老师、同学的关注，有的同学会采取比较极端的方法，把自己打扮得很特别、故意犯错等。

我们可以选择能让大家认同的方式来证明自己，从而获得大家的关注，比如，我们可以在学习、运动或者文艺技能等方面来证明自己。这样，在增加了自己的正能量的同时还能成为大家学习的榜样。

心理大侦察

你是一个性格叛逆的人吗？

青涩的学生时代，有些同学往往以所谓的“叛逆”为傲，打破常规，甚至惊世骇俗，摆脱老师和父母的束缚成为最大的梦想。那么，现在的你究竟是不是一位具有叛逆性格的人呢？你的性格里又有多少反叛的因素呢？请认真思考一下，然后回答下面的问题：

1. 你喜欢惊世骇俗吗？
2. 你是否愿意做别人都不敢做的事？
3. 你是否经常打破规则？
4. 遇到困难你是否越斗越勇？
5. 你敢不敢当众驳斥大多数人的意见？
6. 你是否喜欢向别人挑战？
7. 你是否经常怀疑周围的一切？
8. 别人让你做什么事情，你是否有反感情绪？

9. 你是否经常逆来顺受？

10. 你是否会委婉地向老师提出意见？

11. 你遇事犹豫不决吗？

12. 你周围的人说过你胆小怕事吗？

13. 你的忍耐性很高吗？

14. 你喜欢模仿别人吗？

15. 你愿意做别人计划好的事吗？

16. 你害怕失败带来的阴影吗？

在上述问题中，如果你在前8个问题中有超过4个以上是肯定回答，而后8个有超过4个以上是否定回答，那么你就是典型的叛逆性格了。

如果你在前8个问题中几乎没有肯定回答，而在后8个问题中有多数是肯定回答，那么可以断定你绝对不是一个性格叛逆的人。你的性格很温顺，以至于有些怯懦了。

其实大多数人的心态是介于二者之间的，有时候循规蹈矩，有时候又出人意料，显示出叛逆性。只是我们有的人出现了叛逆心态而已，还不足以影响到性格。

心理学上认为每个人都会不时呈现出一些叛逆的心态。叛逆的心态很复杂，在一定环境下，这是一种积极的心态，能够助你成功；而在另一种环境下，又可能是一种消极的心态，影响你的行为，导致你的失败。因此，保持清醒的头脑，认真分析形势最重要，只有这样才能让你的叛逆心态发挥积极的作用。

爱因斯坦的故事

16岁的那年秋天，父亲讲的一件小事情改变了爱因斯坦的一生。

“昨天，”爱因斯坦的父亲说，“我和邻居杰克大叔清扫南边工厂的一个大烟囱。那烟囱只有踩着里边的钢筋踏梯才能上去。你杰克大叔在前面，我在后面。我们抓着扶手，一阶一阶地终于爬上去了。下来时，你杰克大叔依旧走在前面，我还是跟在他的后面。后来，钻出烟囱，我发现一件奇怪的事情：你杰克大叔的后背、脸上全都被烟囱里的烟灰蹭黑了，而我身上竟连一点烟灰也没有。”爱因斯坦的父亲继续微笑着说：“我

看见你杰克大叔的模样，心想我的脸上肯定和他一样，脏得像个小丑，于是我就到附近的小河里去洗了又洗。而你杰克大叔呢，他看见我钻出烟囱时干干净净的，就以为他也和我一样干净呢，于是就只草草洗了洗手就大模大样上街了。结果，街上的人都笑痛了肚子，还以为你杰克大叔是个疯子呢。”

爱因斯坦听罢，忍不住和父亲一起大笑起来。父亲笑完了，郑重地对他说：“其实，别人谁也不能做你的镜子，只有自己才是自己的镜子。拿别人做镜子，白痴或许会把自己照成天才的。”

——节选自《小读者》2003年06期《爱因斯坦的镜子》

5. 我要长成我自己

成长语录

法国伟大的思想家蒙田说过：“世界上最重要的事情就是认识自我。”认识自我绝非易事。对于青春期少年来说，他们比任何时候都更渴望了解自己、展现自己。

心灵絮语

大家都说我是个温柔听话的好孩子。我功课好，相貌也好，又会做家务。从小我就在一片赞扬声中长大，但我一点也不在意这些表扬，我只是做好我自己罢了。对了，我叫林青，还有1个月就要期末考试了。以我的成绩，考前10名应该不在话下，所以我依然每天进行自己独特节奏的生活，写完作业就看小说、听歌。尤其是这几天，我写完作业有空就看《盗墓笔记》，里面的情节跌宕起伏，充满神秘。

妈妈看我这副闲情逸致，有点坐不住了。"林青，马上就要期末考试了，抓紧时间啊，上次考试都退步了3名！"妈妈语重心长地说。"知道了，妈，我保证考前10名，您就别担心了。""你整天心思不在学习上，净想着那些没用的东西，让我怎么放心？""那怎么是没用的东西呢？"我激动起来，"这都是我的课余爱好，我不能做个书呆子只会做题呀！""行行，先别给我说这些，我只知道你现在的任务是背课文、复习功课，其他的什么都给我放下。"

…………

这天，我第一次和妈妈吵了很久，谁也没有说服谁。生活，从这时开始改变，我不愿再听妈妈的唠叨，不愿再让妈妈把我当成小孩，不愿再让妈妈知道我的秘密……

我来想一想

1. 为什么林青和妈妈之间的看法会不一样呢？
2. 你是否也像林青一样，开始有了自己的想法？
3. 和父母观点不一致的时候你是怎么应对的呢？

心理博士说

我是谁？我从哪里来？我要到哪里去？这些是青春期的我们经常思考的经典问题。这就是心理学上的自我同一性问题。自我同一性，即青少年同一性的人格化，是指青少年的需要、情感、能力、目标、价值观等特质整合为统一的人格框架，即具有自我一致的情感与态度、自我贯通的需要和能力、自我恒定的目标和信仰。

当有这些想法的时候，就标志着我们进入了自我意识的飞跃期，开始拥有自

己的主见，开始想要展现自己的个性和力量，如果大人过于约束，我们就容易产生叛逆心理。

这个时期由于自我意识的增强我们变得经常关注自己，喜欢照镜子，喜欢显示自己；取得一点点成绩就兴高采烈，而一旦遇到小小的失败就认为自己一无是处；听着大人的关心也觉得是无谓的唠叨，想要逃离大人的掌控……这都是我们自我成长的表现。

而自我成长正是青春期的主要任务和重要命题。但是在这个年龄阶段我们对自己的认识还不够成熟、全面，因而对自我的认识往往会出现“不识庐山真面目，只缘身在此山中”的感觉，不恰当的自我会影响到我们的心理健康。那我们该怎么办呢？

一、学会全面地认识自己

我们每天都在和父母、老师、同学，甚至是陌生人打交道，在交往中我们会不断发现别人和自己的优缺点，通过这些交往我们能更全面地认识自己，发现自己。

二、学会很好地控制自己

长大的一个重要标志就是能够很好地控制自己，学会控制自己不良的行为、消极的情绪等，尽量不用“风暴式”的方法来解决问题。

三、学会努力地完善自己

人无完人，每个人都有自己的长处和短处，每个人都有自己擅长的事情和不会的事情，因此我们要学会正确地看待自己的优缺点，悦纳自己，在成长的过程中不断取长补短，完善自己。

慢慢地，你会惊喜地发现你正在长成你希望成为的那个自己。

叛逆也有好处

强烈的逆反心理对青少年的成长是极其有害的，但青少年的逆反心理也有其不可忽视的积极因素。

一、有利于独立性的发展

十二三岁的青少年处在生理发育的高峰期，也是心理发展的剧变时期。青少年不再像儿时那样依恋父母，也不再把教师看作至高无上的权威，甚至连书本上的知识也敢于怀疑。这样的心理品质有利于独立创造性的发展。

二、有利于敢闯好胜品质的形成

青春期产生的逆反心理，应该说是青少年心理上的突破。当心理上一突破，表现出来的就不再是过去的听话、顺从，而是勇敢和冒险精神，有利于形成开拓、进取的个性。

三、有利于求异思维的培养

逆反心理有时就是针对传统思想的束缚而产生的。传统观念认为是这样的，而具有逆反心理的青少年偏要认为是那样的。虽然有时可能钻牛角尖或失之偏颇，但更多的时候却是求异思维的表现，是独辟蹊径从其他角度来观察和分析问题。自古以来，科学家的新创见、改革家的新思路、发明家的新工艺等，往往是求异思维带来的。

四、有利于好奇心的培养

逆反心理有时出自好奇心，而好奇心是一种渴求认识事物的欲望，是求知的一种动力，它会驱使青少年学生执着地追求，了解事物，更好地探求科学知识的奥秘。

五、有利于情绪的调节

青少年处于发育的过渡时期，其中枢神经系统活动的基本过程一般是兴奋过程强于抑制过程。有逆反心理的学生，是不会让情绪长期滞留在心中的，经过发泄后情绪能得到调节，实际效果是良好的。

心理么么茶

敢于挑战权威的伽利略

古希腊的亚里士多德认为，物体下落的快慢是不一样的。它的下落速度和它的重量成正比，物体越重，下落的速度越快。从此，人们一直把这个违背自然规律的学说当成不可怀疑的真理。

年轻的伽利略根据自己的经验，大胆地对亚里士多德的学说提出了质疑。经过深思熟虑，他决定到比萨斜塔亲自动手做一次实验。塔下面站满了前来观看的人，大家议论纷纷。有人讽刺说："这个小伙子的神经一定是有病了！亚里士多德的理论不会有错的！"

伽利略站在比萨斜塔上大声地说："请大家看清楚我手里的这两个铁球，一个重一磅，另一个重十磅。如果有人不相信，可以亲自测一下，看看是不是属实的，并请大家仔细观察这两个铁球是不是同时落地的。"

说完，伽利略松开手心，两个铁球从高空直坠而下，瞬间同时落到了地面上。所有的人都目瞪口呆了。就这样，伽利略通过实验，揭开了落体运动的秘密，推翻了亚里士多德的自由落体"定律"。

第二篇　为何而叛逆

在青春期，我们学会了思考，学会了攀比，学会了不该学会的习惯，也学会了叛逆……我们有迷茫，有狂妄，有无知，有倔强，有着比成年人还要多的烦恼和想法……这是我们在吹响“独立宣言”的号角吗？

1. 学习的意义

成长语录

哲学虽然烘不出面包，却可使人吃起面包来更有意味。学习虽然不能使人重活一遍，却可以使生活变得更有意义。

心灵絮语

在全家人的期盼中，小竹走进了中学校门，开始了自己的初中生涯。

可是，开学没多久天真活泼的小竹却怎么也高兴不起来，小学里门门功课夺头彩的小竹一瞬间发觉，上课不是那么容易听懂了，作业也不是那么容易写完了，一次次的大小测验开始亮红灯了。

父母也开始为小竹的学习忧心忡忡，只要小竹在家便苦口婆心，告诉小竹要好好学习，不能光顾着贪玩。开始的时候小竹还会辩驳几句说自己好好学了，只是学不懂，随之而来的却是爸妈比之前更甚的责怪——“好好学了，怎么会不懂？肯定是心思不在学习上。”小竹不知道该如何辩解，只有委屈地躲在房间里哭泣。

慢慢地，小竹尽量减少和爸爸妈妈在一起的时间，遇到爸妈说教时只是默默地听着而不再插话。到学校后迎来的是班主任每周一次的谈心，而这些让小竹很苦恼。渐渐地，小竹开始讨厌起学习来，时常在想“我为什么要学习呢？”

我来想一想

1. 你有过和小竹一样的困惑吗？
2. 你对学习的态度是喜欢还是讨厌？
3. 如果你是小竹的好朋友，你会怎样帮助小竹？

心理博士说

不喜欢学习、思考学习的意义是青少年学习生活中一个常见的现象。它主要是由于我们对这个阶段所学课程和内容变化的不适应或者与授课教师产生心理不相容而形成的消极情感的外泄。

我们往往会有这样一些困惑：学习的意义何在？我们究竟为谁而学？为什么我就是不喜欢这一科？为什么我不喜

欢这个老师？我很努力了为什么还是考不好？……

当我们有这些困惑的时候怎么办？

一、培养自己的学习兴趣

孔子曾说过：“知之者不如好之者，好之者不如乐之者。”意思是说，干一件事，知道它、了解它不如爱好它，爱好它不如乐在其中。兴趣是最好的老师，有兴趣才能产生爱好，才会产生学习的主动性和积极性。只要在平日的学习中做到课前预习找出不懂的地方，积极参与课堂活动，认真思考问题，注意归纳，主动发言收集“激励因子”，那么你学习的兴趣就会更浓厚。

二、养成良好的学习习惯

良好的学习习惯就是耳、眼、脑、口、手并用，勤练习、多质疑、勤思考、重归纳、多应用，注意总结规律性的东西；在学习过程中，要把教师所传授的知识“翻译”成为自己的特殊语言，并记忆在自己的脑海中。另外，还要保证每天有一定的自学时间，以便加宽知识面和培养自己的再学习能力。

三、掌握好的学习方法

心理学研究表明：约95%的人智商介于70至130之间，只有约2.5%的人智商低于70。因此，智力绝不是成绩的决定因素，关键还是学习方法，学困生差就差在学习方法，不同的学习阶段、学习环节需要不同的学习方法，不同的学科、不同的知识类型也需要不同的学习方法。只要方法得当，我们都能够取得优异的成绩。

心海拾贝

欲学习，方法先行

一、合理安排时间

根据一周内所要做的事情，制订一张作息时间表，帮助你更有效地利用时间。首先在表上填上那些非花不可的时间，如吃饭、睡觉、上课等。安排好这些时间之后，选定合适的、固定的、足够的时间用于学习。记得给休息、业余爱好、娱乐留出一些时间，这一点很重要。

二、学会预习

预习是提高听课效果的一个重要策略。每节课前预习本次课将要讲授的内容，初步熟悉课程内容，找到听课和理解的重点、难点、疑点，记下自己的困惑之处、薄弱环节，带着问题进课堂，以期在课堂学习中得以解决。

三、充分利用课堂时间

学习成绩好的学生很大程度上得益于有效利用了课堂上的时间，这也意味着在课后少花些工夫。课堂上要及时配合老师，认真做好笔记来帮助自己记住老师所讲授的内容，尤其重要的是，要积极地独立思考，跟上老师的思维。

四、及时复习

只有及时对听课内容进行复习，进行积极的回忆和必要的重新学习，才能加深对学习内容的总体理解，减少遗忘。心理学家发现，遗忘的进程是不均衡的，刚开始遗忘得较多、较快，往后则遗忘得较少。因此，有效的复习时间安排是：第一次复习，学习结束后的5~10分钟；第二次复习，当天晚些时候或第二天；第三次复习，一星期左右；第四次复习，一个月左右；第五次复习，半年左右。

五、学习环境的选择

选择某个地方做你的学习地点，这一点很重要。它可以是你的单间书房，或教室，或图书馆，但它必须是舒适、安静的。好的学习环境可以让我们的学习事半功倍。

心理么么茶

“为快乐而玩”还是“为美分而玩”

一位老人在一个小乡村里休养，但附近却住着一些十分顽皮的孩子，他们天天互相追逐打闹。喧哗的吵闹声使老人无法好好休息，在屡禁不止的情况下，老人想出了一个办法——他把孩子们都叫到一起，对他们说：“你们让这儿变得很热闹，我觉得自

己年轻了不少，为此我要奖励你们，谁叫的声音越大，谁玩得越起劲，谁得到的奖励就越多！”

这天，他给了每个孩子25美分。玩也可以得到报酬，吵累了的孩子们很高兴地领取美分回家了。第二天孩子们又来了，一如既往地嬉闹。老人又出来奖励孩子，不过这次少给了一些。只要有奖励也还可以吧，孩子仍然兴高采烈地走了。

就这样，孩子们已经习惯于玩了过后获取奖励。几天过去了，老人告诉孩子们他的收入太微薄，没法支付奖励了，让孩子们想怎么玩就怎么玩。

结果孩子们都不开心了，认为“不给钱谁给你玩”，他们约定再也不到老人住的附近大声吵闹了！

在这个故事中，老人成功地将孩子们“为快乐而玩”变成“为美分而玩”。它有没有让你重新思考我们为什么要学习？

2. 这就是代沟

成长语录

为什么爸爸妈妈就是不能理解我的想法呢？为什么他们总是让我做我不喜欢的事情呢？为什么我的想法就是错的呢？

心灵絮语

我来想一想

1. 现在在你的眼里，爸爸是什么样的？以前你对爸爸的评价是什么？
2. 你觉得对爸爸的看法会对你们的日常交流产生影响吗？
3. 你和爸爸妈妈的想法会发生冲突吗？如果会，你会怎么处理？

心理博士说

随着时间的流逝，我们的身体和心理都在不断地成长变化，对事、对物的看法也在不断地发生改变，但在父母眼里我们始终是一个长不大的孩子。

慢慢地，我们和父母在价值观念、思维方式、行为方式、道德标准等方面就会出现差异。

当我们追逐时尚，爸爸妈妈却认为是不务正业时；当我们觉得某种观念和造型太过老土，爸爸妈妈却认为是经典和传统时；当我们说出一些“火星文”，爸爸妈妈完全不知所云时……他们在我们的眼里就已经 OUT（过时）了。

这就是代沟。

为什么会出现代沟呢？主要有以下一些原因：

一、身心的发展

青春期身心的剧变促使我们发现自我，追求独立，开始有了自己独特的想法，开始对成人的观念进行颠覆。

二、时代的变迁

我们和父母生活在不同的时代，每个时代的人都带着时代的烙印，有着不同的兴趣爱好、休闲方式、审美观念、道德标准等。

三、根深蒂固的传统价值观

有些父母对于一些新奇的、很潮流的服装、发型或者行为语言的接受度会较低，我们不仅接受得快还很快付诸实践，由此引起父母的不理解。

四、沟通不畅

代沟的实质就是有差异，如果沟通不畅或者不进行沟通，差异就会被放大，甚至影响我们和家人的关系。

心理学研究结果表明，用正确的方法解决代沟问题，营造良好的亲子关系对青少年的心理健康有重要的意义。代沟是一种客观现象，有它好的一面，也有它不好的一面，却是不可避免的，重要的是如果我们能够真诚和父母沟通，理解我们的父母都是真心为我们着想的，即使有代沟存在也不会产生误解和隔膜。

心海拾贝

当你很小的时候……当他们很老的时候……看完这组漫画，你有什么样的感触呢？

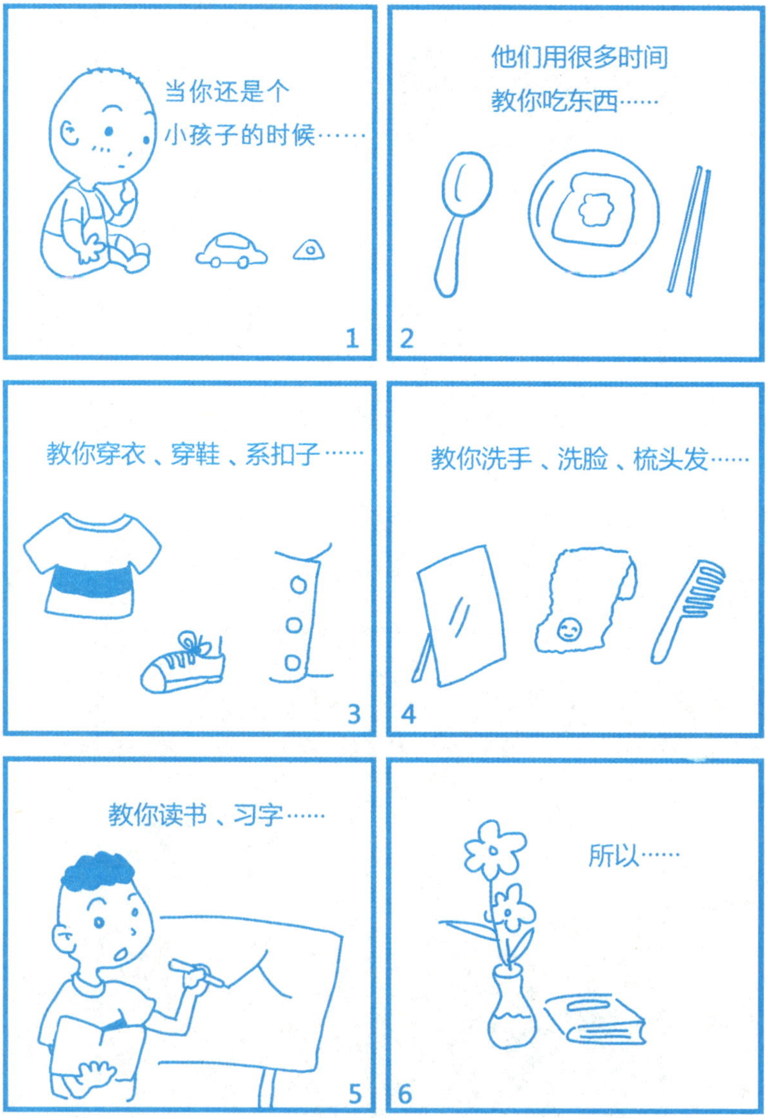

当他们有天白发苍苍时……
7

当他们健忘、糊涂时……
8

请不要责怪催促他们。
9

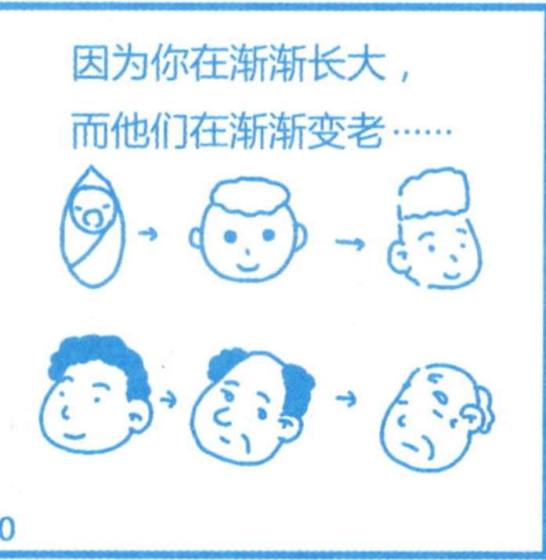
因为你在渐渐长大，
而他们在渐渐变老……
10

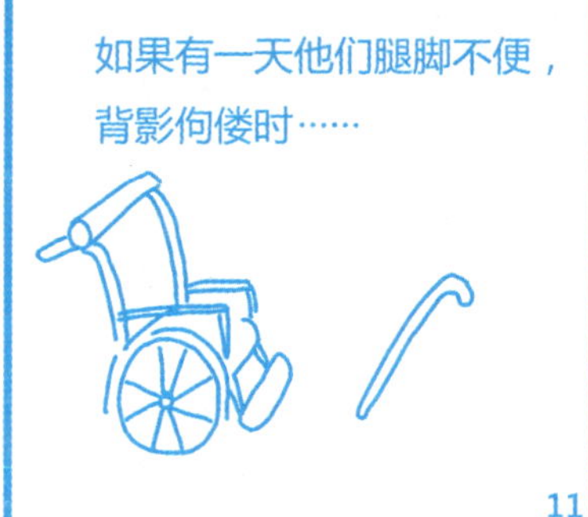
如果有一天他们腿脚不便，
背影佝偻时……
11

请你紧紧搀住他们的手。
12

心理么么茶

一只公鸡发现土里埋着一颗闪闪发光的珍珠，它以为是什么好吃的东西，就把珍珠刨了出来，费力地想把它咽下去。但当公鸡发现这颗闪闪发光的珍珠并不是什么好吃的东西时，它马上就把珍珠吐了出来。公鸡对珍珠说："对那些珍惜你的人来说你也许是宝贝，但对我而言，比起一颗珍珠，我更需要一颗麦粒。"

——选自《伊索寓言》

其实，在日常家庭生活中，类似于人与公鸡对待珍珠态度迥异这样的事情经常发生在我们与父母之间。你的价值观总是和你父母的价值观相左，父母视为“珍珠”的东西，我们却不屑一顾，而你认为至关重要的“谷物”，父母又不在意。全世界的父母都一样，都希望把最好的东西留给自己的孩子，而孩子却不认为那些是最好的，这就是两代人之间的代沟。你的成长，你的变化，就是代沟产生的首要原因。

3. 没面子多丢人

成长语录

无论是自己对自己价值的肯定，还是他人对我们价值的肯定，即自尊与被人尊重，都是快乐的。时而不快乐的你，是不是觉得自己没有被人所尊重呢？

心灵絮语

“爸爸，妈妈，我要买苹果手机，我们班好多同学都有苹果了，就我没有。”小海这几天一直缠着爸妈买手机。最近不知怎么了，小海老是让爸妈给自己买各种各样的新东西——名牌运动服、最新款球鞋、刚上市的手机等。

每次爸爸问小海为什么要买那些东西时，小海的回答总是一样：“其他同学都有了，我没有多没面子，多丢人呀。”

为了维护孩子的面子，爸妈每次都只好满足小海的要求。可是小海的爸爸妈妈工作很辛苦，工资却不高，以前还能勉强维持生活，现在小海隔一段时间就要买一样花费不少的东西，这无形中又加重了爸妈的负担。

我来想一想

1. 你有过和小海一样的行为吗？
2. 你觉得小海这样做对吗？为什么？
3. 如果你是小海的同学，你会建议他怎么做？

心理博士说

爱面子是一种普遍的心理现象，青少年由于个体生理上逐渐趋于成熟，心理上逐渐追求独立，希望获得周围人群的关注和认可，特别是来自同龄人的认可和支持。在此时青少年的自尊心上升到前所未有的高度。但自尊心过度则易导致虚荣心的出现。

心理学的大量研究证实：自尊与心理健康的关系极为密切，低自尊与许多重要的消极心理问题，如抑郁、焦虑、自杀意念、机能失调等紧密联系在一起，而过高自尊心可能更容易造成逆反心理和报复心理。由此可见，适度的自尊是心理健康的核心，是心理幸福的根源。

为此，我们应从以下几方面做起：

一、保持适度的自尊心，不自卑也不虚荣

过低的自尊心会让我们产生消极的态度，而过高的自尊心又会使我们产生虚荣心，所以我们要保持适度的自尊心，以使我们更好地学习生活。

二、正确认识事物的价值，不被他人所左右

我们经常因为一样东西很流行，就会想得到它。但是它真的是我们喜欢和需要的吗？并不一定。我们不能以别人的标准来要求自己，要有自己的主见。

三、不贪慕虚荣，选择自己真正需要的东西

我们有时会为了满足自己的虚荣心，为了向同学们炫耀，而购买一些并没有多大用的东西。这样做只会得不偿失。

心理大侦察

自尊的六大支柱

心理学家布兰登提出了“自尊的六大支柱”，我们一起来看看这六大支柱是哪些呢。

支柱一：有意识的生活

1. 我越清楚与我的利益、价值、需要和目标相关的事物，我的生活就越成功。

2. 经常使用大脑其乐无穷。

3. 改正错误比掩盖错误于我更有益。

4. 注意区分事实、解释和情感。

5. 我应时刻警惕，抗拒自己规避现实的念头。

6. 如果我的眼界变得更宽，我的生活和行动将更具效力。

支柱二：自我接受

1. 我是为自己而活的。

2. 我接受自我，并接受自己思想存在的现实。

3. 我不一定要喜欢、赞同或受自己情感的控制，但我能接受它们的存在。

4. 即使我后悔、自责，但做过的事我会承认。

5. 我承认我的所思、所感、所为均是自我表现，至少当它们发生时是如此的。

6. 我承认自己有很多问题，但我不受它们的束缚。我的问题不是我的本质，我的恐惧、痛苦、困惑或错误不是我的核心。

支柱三：自我负责

1. 我对自己的存在负责。

2. 我对实现自己的欲望、幸福负责。

3. 我对自己的选择、价值观和行动负责。

4. 我对自己以何种意识层面进行工作、参加各种活动以及与他人交往负责。

5. 我对自己如何安排时间负责。

6. 我对提高自己的自尊感而负责，别人无法给我自尊感。

7. 从终极意义上说，我接受自己的孤独状态。在一些具体问题上，人们可以给我一些帮助，但没有人能担负起我生存的最基本的责任。

8. 自我负责的需要是很自然的。我不认为它是一场悲剧。

支柱四：自我保护

1. 我可以尽情地表达自己的思想、信念和情感，除非在某种场合中我觉得不说为好。

2. 我有权维护自己的信念、价值与情感。

3. 让别人认识、了解我于我有利。

支柱五：有目的的生活

1. 只有我自己才能选择生活的目标，没有任何其他人能设计我的存在。

2. 我若想成功，就必须学会如何去实现自己的目标。我需要自己规划行动，并关注自己行动的结果。

3. 为了自我利益，我应高度审视现实，即注意承载我的信念、行动和目的的信息和反馈。

4. 对于自律，我不应视之为牺牲，而是视为实现自我欲望的一种自然的先决条件。

支柱六：个人诚实

1. 我应言行一致。

2. 我应信守诺言。

3. 我应公平、正直、善意、热情地对待他人。

4. 我应努力保持道德的前后一致。

心理么么茶

爱面子的山羊

两只母山羊吃饱了草，就出发到外面去旅行，并沿着牧场荒凉而人迹罕至的地方一直朝前走去。

走着走着，在一座桥上，它俩相遇了。桥下水深流急，而窄桥只允许一只山羊通过。两只母山羊看了不禁发抖害怕起来。尽管桥窄难以擦肩通过，但为了保全各自的面子，一只羊还是把脚踩上了木板，而另一只羊也走了上来。它们一步一步地逼近，脸对脸，傲气十足，双方谁也不退缩，都为自己高贵的出身放不下架子。由于两羊各不相让，结果全都跌入湍急的水中。

——选自《智空和尚讲禅文集》

你若强要面子，很有可能在最后失去面子。从现实出发，莫要为了一时的面子恼人又伤己，这才是长远之道！

4. 跟着兄弟走

所谓"近朱者赤，近墨者黑"，品行良好的朋友能使你收获无上的友谊，但行为不端的朋友则会使你误入歧途，甚至后悔终生。

心灵絮语

"丁丁，来，吸一口！"

"你看，连小赵都会吸烟啦，就差你啦！"

兄弟们你一句我一句地说着，最终丁丁还是把父母的劝诫抛在了脑后，拿起了那根充满诱惑的香烟。

"哈哈，这才是好兄弟嘛！""就是，兄弟就是要有饭一起吃，有烟一起吸。"

就这样，丁丁跟着"兄弟们"学会了吸烟。自从学会了吸烟，丁丁觉得自己像个大人了，和"兄弟们"也更加亲近了，在同学们面前也更加神气了。

此后，丁丁的行为与“兄弟们”也更加一致了，兄弟们干什么他也干什么，有什么活动他都参加，不管那些行为到底好不好，是不是被父母允许的，只要是“兄弟们”做的他都照做。

我来想一想

1. 你周围有过这种现象吗？
2. 你觉得丁丁的做法是否正确？为什么？
3. 如果你是丁丁，你会怎么做？

心理博士说

同学们知道“三人成虎”这个成语吗？这个成语是说在集市里，如果一个人说有老虎，肯定没有人相信，但如果连着三个人都说集市里有老虎，人们就会相信。其实集市里根本没有老虎，只是这么说的人多了，人们便信以为真了。

这反映了一种比较普遍的社会心理和行为现象，心理学家将之称为“从众”，通俗的解释就是“人云亦云”“随大流”。主要表现就是大家都这么认为，我也就这么认为；大家都这么做，我也就跟着这么做。

心理学家发现，从众具有两重性：消极的一面是抑制我们个性的发展，束缚思维，扼杀创造力，使我们变得无主见和墨守成规；而积极的一面表现为有助于我们学习他人的经验，扩大视野，避免固执己见、盲目自信，修正自己的思维方式，减少不必要的烦恼等。

处于青春期的我们，开始疏远成人而热衷于与同伴交往，对同伴倾注了越来越多的感情，因此同伴在我们的生活中变得十分重要，我们有了秘密总是先和同伴分享，遇到难题总是先和同伴商量……同伴成为我们重要的依靠，更是满足归属感的主要来源。在同伴群体中，我们的从众心理变得更加普遍，对此我们应该利用它积极的一面，多多学习同伴的优点，修正自身的缺点。因此，选择益友会帮助我们更好地成长，而损友则会导致我们误入歧途，甚至后悔终生。

那么，我们该怎样选择朋友，怎样与朋友相处呢？

一、朋友应是多层次的、全方位的

结交多种类型的朋友可以让我们学会与不同的人相处，为自己的发展和个性的完善创造良好的条件。

二、与积极正直的人为友

如具有共同的志向、兴趣，良好的品德，能以心相见，真诚相待，诚实、可靠、正直，具有丰富的学识，在某一方面强于自己等。

三、交知心的朋友

朋友之交，贵在知心。真正的友谊不是在一起吃喝玩乐，也不是讲哥们义气，而是相互帮助，共同进步。

四、学会和朋友相处

以诚相待是和朋友相处的根本，把朋友当成自己的学习对象取长补短，相互帮助，这才是真正的好朋友。

心海拾贝

交友的心理现象

心理学家发现，人类交友的心理现象错综复杂，其中崇名心理、共鸣心理和补偿心理最为常见。

一、崇名心理

所谓崇名心理，就是人们在交友中喜欢结交有名望者的心理倾向。崇名心理主要源自人的自尊心。每个人都希望得到别人的尊重，朋友有名望，自然也意味着自己非同一般，自尊心就会获得很大的满足。但是，崇名心理往往会使人陷入势利小人的泥坑而受人非议。

二、共鸣心理

在人际交往中，性格气质、兴趣爱好、文化水平、年龄等方面相似的人很容易产生心理共鸣，从而结交成为好朋友。心理共鸣是人们选择朋友的重要内在动力。这种心理共鸣会使人的心理找到回响的对象，心灵感到契合，因而在彼此的沟通中能获得新的人生力量。

三、补偿心理

交友中的互补心理动机也很常见。日常生活中，我们常常看到在个人特征上差异很大的人成为心心相印的莫逆之交。比如，性格乐观开朗的人常和性格内向的人成为知己，办事果断的人常有优柔寡断的朋友等。当两个人正好具备互补性时，也会促进友谊的萌发。

心理么么茶

《论语》论交友之道

孔子曰："益者三友，损者三友。友直，友谅，友多闻，益矣。友便辟，友善柔，友便佞，损矣。"意思就是：使人受益的朋友有三种，使人受损的朋友也有三种。正直的朋友，真诚而可信赖的朋友，博学而见多识广的朋友，可以让我们受益良多；而事实上并不正直的朋友，善于迎合别人、讨好别人但欠缺诚信的朋友，善于随口胡说却没有真才实学的朋友，只会让我们受到伤害。

5. 冲动是魔鬼

成长语录

不管发生什么事，都要冷静、沉着。但是有的时候，可能是因为年少轻狂，也可能是因为少不更事，一念之间毁了自己，也可能还有家人。

心灵絮语

小王与小顾是同校同学，小王读初三，小顾读初一。一天，回家路上二人发生了口角，小王顺手打了小顾几下，不当一回事就扬长而去。

小顾人虽小气很盛，气不打一处来，当晚就约了几个小哥们找到小王家，要给小王一点颜色看看，由于小王不在家，他们在外面砸门吵闹一阵后不服气地离开了。

小王回家知道后，哪里受得了这个侮辱，第二天找朋友小魏帮忙教训小顾，小魏自认为是小兄弟的大哥，欺侮小兄弟就是给他小魏难看，所以一口答应，当即准备了几根棍子，叫了两个朋友，到校门口等候小顾。

小顾放学刚走出校门没多远，小魏等冲上去就是一顿狂打……最后造成小顾多处骨折，中度脑震荡。

小魏和小王的家庭不仅要承担请律师、经济赔偿等难以承受的负担，而且案发前几人正值初中毕业面临中考，他们的冲动断送了自己的学业、前途，也毁掉了几个家庭的幸福。

我来想一想

1. 你身边发生过或者听说过类似的事情吗？

2. 你从这个故事中学到了什么？

3. 如果你的情绪很冲动，你会怎么做？

心理博士说

青少年正处于心理发展的高峰期，独立意识和自我意识日益增强，自我保护意识也特别强烈，因此往往将自尊感放在一切感情之上，在家长、老师眼中的一些小事也会当成维护自尊的重大问题。

“人活一张脸，树活一张皮”，对处于青春期的孩子来说这往往就是强烈自尊的真实写照。自尊的需要如果得到满足，我们会充满信心和力量，感受到被理解、被尊重和被喜欢的喜悦，体会到人生的价值；而一旦自尊受损，我们就会感到有失尊严，感受到被排斥、被嘲笑和被讨厌的愤怒，自控力弱的人就会通过恶意报复、打架斗殴等来维护自尊。

采取必要而正确的方法捍卫自尊是我们每个人的合法权益，但捍卫自尊不能失控，失控了就会带来一些消极的后果，因此我们要学会自我克制。必要的自我克制会给我们带来更大的快乐和成功。

发展心理学有一个著名的实验叫"糖果实验"：心理学家给孩子们每人一颗非常好吃的软糖，同时告诉他们，如果马上吃，只能得到一颗糖；如果等20分钟后再吃，则能得到两颗糖。十几年后的追踪研究发现，在糖果实验中选择马上吃糖的人成年后缺乏

自信，与人不好相处，成就较低；而等20分钟后得到奖励的人则有主见，且学业出众、事业成功。可见，减少冲动性，学会自我克制对我们的一生都有帮助。

心理大侦察

在我们的日常生活中，难免会碰到一些事情，让我们难以控制住自己冲动的情绪，在这个时候，我们可以尝试以下的方法，来帮助我们缓解情绪。

1. 转移法。离开让你生气的现场，找个清静的地方去做其他事。当我们把注意力转移到其他事情上后，心里的气自然会渐渐消除。

2. 运动法。生气后可以通过体育运动来帮助消气。如打球、跑步、游泳等都是不错的选择。

3. 宣泄法。如果你很悲伤和难过，可以让自己哭出来，把自己的悲伤通过眼泪宣泄掉。也可以向家人和朋友诉说，让他们帮你渡过难关。

心理么么茶

陶行知的四块糖

陶行知先生担任一所小学的校长时，有一次在校园里看到学生王友用泥块砸班上的同学，当即制止了他，并要他放学后到校长室去。无疑，陶行知是要好好教育这个“顽皮”的学生。那么，他是如何教育的呢？

放学后，陶行知来到校长室，王友已经等在门口准备挨训了。可一见面，陶行知却掏出一块糖果送给王友，并说：“这是奖给你的，因为你按时来到这里，而我却迟到了。”王友惊疑地接过了糖果。

随后，陶行知又掏出一块糖果放到他手里，说：“这第二块糖果也是奖给你的，因为当我不让你再扔泥块时，你立即就住手了，这说明你很尊重我，我应该奖你。”王友更惊疑了，他的眼睛睁得大大的。

陶行知又掏出第三块糖果塞到王友手里，说："我调查过了，你用泥块砸那些男生，是因为他们不守游戏规则，欺负女生。你砸他们，说明你很正直善良，且有批评不良行为的勇气，应该奖励你啊！"王友感动极了，他流着眼泪后悔地喊道："陶……陶校长你打我两下吧！我砸的不是坏人，而是自己的同学啊……"

陶行知满意地笑了，他随即掏出第四块糖果递给王友，说："为你正确地认识错误，我再奖给你一块糖果，只可惜我只有这一块糖果了。我的糖果没有了，我看我们的谈话也该结束了吧！"

怀揣着糖果离开校长室的王友，此刻的心情不难想象。

第三篇　打开叛逆的心扉

如果我们能在内心建立起积极的信念，遇到问题时能站在对方的角度去思考，从内心真正了解并接受叛逆，我们就能打开叛逆的心扉。

1. 建立积极的信念

成长语录

影响人生命运的不是环境，而是你对人生抱有什么样的信念。

心灵絮语

小言经常为很多事情发愁，不论事情发生没有，他总是往不好的方面去想。

最近考试考得很糟糕，他心情很低落也很烦躁。同学不小心的一句玩笑话也会引发他的大声嚷嚷。好朋友来关心他，他却认为是在看他的笑话。过了几天苦闷的日子，小言还是很难走出这种低落的心境，于是找到了学校的心理老师。

心理老师让小言做了放松训练后给他讲了一个故事：

有两个推销员去非洲卖鞋，一个去了非常沮丧，很快就回来了，他很郁闷地对老板说："非洲人都不穿鞋子，我们一点机会都没有。"而另一个却欣喜若狂地对老板说："那里的人都没有鞋穿，我们的机会来了！"很快，第二个推销员就打开了销路，大获成功。

老师说："任何事情都有两面性，你看到不好的一面就会失望和难过，看到好的一面就会豁然开朗。"

从心理咨询室出来后，小言似乎明白了什么……

我来想一想

1. 小言的心情为什么会糟糕？
2. 小言听到老师讲的故事后明白了什么？
3. 你是怎么改变心中的消极看法的？

心理博士说

心理治疗中有一种很重要的方法叫作合理情绪疗法。它认为人们的情绪及行为反应与事件本身没有关系，而与人们对事物的想法、看法有关。在这些想法和看法背后，有着人们对一类事物的共同看法，这就是信念。

合理的信念会引起人们对事物的适当的、适度的情绪反应，而不合理的信念则相反，会导致不适当的情绪反应，甚至会引起严重的情绪障碍。所以，心理咨询师利用合理情绪疗法帮助人们废除不合理的信念，树立合理的信念，以此来改善不良的情绪状况。

那么，我们自己又该如何让自己拥有积极的心态呢？

一、积极的自我暗示

相信自己能够成功，经常对自己说：“我很棒！我能行！我有信心！我是最优秀的！”

二、经常保持微笑

经常保持微笑会让你的心情感到愉快。

三、从积极的角度看问题

遇到困难时从积极的方面看问题，告诉自己，“塞翁失马，焉知非福”。

四、不轻易说“没办法”

无论怎样困难的工作，都认真思考解决的办法。

五、从行为上改变

自信地注视和你说话的人，提高说话的声音，走路昂首挺胸且加快步伐。

六、与积极的人交往

与积极乐观的人交往，我们往往在不知不觉中也会变得积极乐观起来。

七、帮助弱者

帮助那些需要帮助的人，我们会感觉到自己存在的价值。

心理么么茶

原来我也很富有

有一位青年，老是埋怨自己时运不济，终日愁眉不展。

这一天，他遇见一个老人，老人看到他满脸愁怨的样子，就问道："年轻人，你为什么不快乐？"

"我不明白，为什么我总是这么穷。"

"穷？你很富有嘛！"老人由衷地说。

"这从何说起？"年轻人问。

老人反问道："假如现在斩掉你一个手指头，给你1千元，你干不干？"

"不干。"年轻人回答。

"假如斩掉你的一只手，给你1万元，你干不干？"

"不干。"

"假如使你双眼都瞎掉，给你10万元，你干不干？"

"不干。"

"假如让你马上变成80岁的老人，给你100万元，你干不干？"

"不干。"

"假如让你马上死掉，给你1000万元，你干不干？"

"不干。都死掉了还要1000万元干什么呢？"

“这就对了，你已经拥有超过1000万元的财富了！为什么还哀叹自己贫穷呢？”老人笑吟吟地问道。

青年愕然无言，突然明白了，原来自己很富有。

我们有时也会和这位青年一样，只看到我们没有的事物，而对我们拥有的美好事物却熟视无睹。其实我们每个人都很富有，只要我们怀着积极的信念，用善于发现的眼睛去看待生活，我们就会看到更美好的事物。

2. 交换一把椅子

成长语录

换把椅子，我们会看到不一样的风景！换下风景，我们会体验不一样的心情！

心灵絮语

1
你的桌子抵得太近了！
大脑袋把黑板遮完了！

2
臭小子！
你才臭！

3
别吵了，你们两个互换位子吧！

4
原来坐前面真的挺挤的……
坐后面也不容易呀！

小杰和天辰自从成为前后桌以来就成天争吵不断。两人的成绩不相上下，互不服气，稍有风吹草动，就会引发一场战争。

特别是为了座位空间的大小，两人总是嘀嘀咕咕。一天，两个人又为了位子的大小吵了起来。天辰说小杰老是偏着头看黑板挡住了他的视线；小杰说天辰总是把桌子挤得很紧，让他动弹不得。

老师没有批评他们，而是让他们互换了座位，这下天辰坐到了小杰的前面。

三天过去了，老师让他们写下换位的感想。

天辰写道：坐在中间，前有同学靠上来，后有课桌挤过来，空间小得可怜，以后坐后面一定主动把桌子往后拉一点。

小杰写道：坐在最后，前面同学太高看不到黑板，身后是卫生角，有的垃圾都丢到我课桌下了。以后要让着点后面的同学，不和天辰斤斤计较了。

我来想一想

1. 老师为什么让天辰和小杰交换座位？
2. 天辰和小杰为什么会有这么大的转变？
3. 如果你是天辰或小杰，你会怎么想？

心理博士说

有研究者曾经做了一个实验，他将一个圆球，一半涂成白色，一半涂成黑色，然后让一个人站在白色一边，一个人站在黑色一边，问他们都看到了什么。不言而喻，站在白色一边的回答说看见了一个白色的球，而站在黑色一边的则回答说看见的是一个黑色的球。

当研究者让他们交换位置时，他们才明白原来每个人都只会站在自己的角度去看球是白色还是黑色。

同样的道理，我们在与他人发生冲突时通常也都是站在自己的角度，因为我们只想到自己，只考虑了自己的需求而忽略了对方的需求。如果我们能同时站在对方的角

度，想一想他的感受、他的需求，那么这些冲突或许就都迎刃而解了。

在心理学上，把站在对方的角度考虑问题叫作同理心，也是俗话说的“将心比心”。在一件事情发生后，你经常会选择下面的 A、B 还是 C 呢？

A. 从不站在他人的角度思考问题，做事情很少考虑到他人的感受；按照自己的想法与人交流，经常与人产生误会。

B. 有时从他人的角度思考问题，做事情会考虑他人的感受，但不能体谅和理解别人。

C. 能够从别人的角度思考问题，做事情会考虑到他人的感受；与人沟通比较真诚，愿意将自己的一部分想法表露出来；能让人觉得被理解、被包容；懂得倾听，在学习和生活中尽量考虑对方的需要。

如果你属于第三种，那说明你拥有同理心，相信你的人际关系也一定很好。如果你属于前两种，那就试着站在对方的角度，多想想如果我是他会怎么样，也许你会有新的收获。

“己所不欲，勿施于人。”站在同学的角度思考，你可以收获一份珍贵的友谊；站在老师的角度思考，你可以收获一份可贵的师生情；站在父母的角度思考，你可以收获一份宝贵的亲情！

心海拾贝

感恩节的诗

有每夜和我抢棉被的伴侣，那表示他不是和别人在一起。
有只会看电视而不洗碗的青少年，那表示他乖乖在家而不是流连在外。
我缴税，那表示我有工作。
衣服越来越紧，那表示我吃得很好。
有阴影陪伴我劳动，那表示我在明亮的阳光下。
有待修整的草地、待清理的窗户和待修理的排水沟，那表示我有个家。
有各样对政府不满的抱怨，那表示我们有言论自由。
能找到最远的那个停车位，那表示我还能走路，且还有幸能有辆车。
有巨额的电费账单，那表示我空调吹得很爽。
在教堂做礼拜时我身后有五音不全的女士，那表示我还听得到。
有一堆衣服要洗烫，那表示我有衣服穿。
一天结束时的疲劳和肌肉酸痛，那表示我有拼命工作的能力。
一大早被响起的闹钟吵醒，那表示我还活着。
最后，感恩过量的电子邮件，因为那表示有许多朋友会想到我。
当你觉得人生很糟，就再看一遍吧！

——选自诗《我感恩》

心理么么茶

小白羊和小黄狗是好朋友。这一天，小黄狗到小白羊家去做客，小白羊高兴极了，拿出最鲜嫩的青草招待小黄狗，小黄狗一口也吃不下，心想，这算什么呀，好朋友来了也不拿最好的食品来招待，下次到我家我一定不这样小气。改日，小白羊到小黄狗家做客了，小黄狗拿来招待小白羊的美味食品是什么？大家猜一猜，竟然是一盆肉骨头，小白羊一口也吃不下，小黄狗还在热情地说："小白羊，你吃呀，别客气，都是为你准备的。"可惜小白羊只能"望骨兴叹"，饿着肚子回家了。

这个故事听起来容易明白，但在现实生活中，又有多少人能真正做到有同理心呢？

3. 真正成熟起来

成长语录

未成熟的果子，吃到嘴里，始终是苦涩的。

心灵絮语

小军长得高高大大的，成绩又好，在班上算得上是“班草”了，很多女同学都喜欢他。慢慢地，小军开始和班上一个女生谈起恋爱来了。小军的爸爸张叔听到这个消息感觉又气愤又不知所措，回家一路上都在想怎么教育自己的儿子。

回家后，张叔一声不吭，他将院子里那棵苹果树上所有未熟的苹果摘了下来。

小军放学回到家，看见地上一筐筐未熟的青苹果，很纳闷：这些果子又吃不成，摘了多可惜呀！

他正要问爸爸是怎么回事，还没等他开口，张叔看见儿子回来，立刻走出院子，拿起竹棍，“噼里啪啦”地又打起了枣树上未熟的枣……小军有点傻眼了，老爸是不是疯了？

“你现在把它们打掉了，秋天吃什么呀？”小军终于忍不住问出口来。

“可是，和这么早谈恋爱又有什么区别呢？”张叔看着儿子静静地说。

小军恍然大悟，原来父亲的一切行为都是因他而起……

那年秋天，小军家树上没有收获到成熟的苹果和枣子。但他知道：在自己真正成熟后，他一定会收获很多很多的果实，包括爱情。

我来想一想

1. 小军是怎样恍然大悟的？
2. 张叔用了什么办法让小军走出早恋？
3. 你对早恋的看法是什么？

心理博士说

心理学家研究显示，在17岁前便谈情说爱的人，由于无法应付初恋带来的情绪困扰，将会为日后患上精神病埋下伏笔。由美国康奈尔大学及北卡罗来纳大学的专家联合进行的研究指出，不论这些少年真的有特定恋爱对象，还是自我陶醉地迷恋偶像明星，都有可能因为不懂得如何处理这段感情而导致日后出现忧郁症及酗酒等。

专家研究时还发现，对于女孩子来说，最容易堕入情网的年龄是13至14岁，男孩子则是14至16岁。一个有感情烦恼的青少年，注意力会不集中，学习成绩及跟家人的关系也会变差。专家指出，早恋若是处理不当，必会给青少年带来一生的伤害。

除早恋之外，随着年龄的增长，很多青少年认为穿奇装异服、抽烟、喝酒也是成熟的表现。那真正的成熟是什么？

心理博士指出，真正的成熟是学会与人相处，有自己的人生目标和规划；真正的成熟是有同理心，能够站在父母和老师的角度考虑问题；真正的成熟是学会承担责任，对自己的行为负责；真正的成熟是面对不良诱惑时，能控制住自己；真正的成熟是学会爱惜自己的身体，不让自己的身体受伤害；真正的成熟是理性地做事，不盲目冲动；真正的成熟是敢于面对挫折，不逃避……

心海拾贝

禁果效应

“禁果”一词来源于《圣经》，它讲的是夏娃被神秘的智慧树上的禁果所吸引，去偷吃禁果，而被贬到人间的故事。这种禁果所引起的逆反心理现象被称为“禁果效应”。古希腊神话中，宙斯给一个叫潘多拉的女子一个盒子，盒子里装着祸害、灾难和瘟疫。潘多拉很好奇，她特别想打开看看里面装的是什么。于是她打开了盒子，所有祸害、灾难和瘟疫就跑到了人间。这个故事表明了“禁果效应”有多么强烈。

早恋如同一枚神秘的禁果，如果我们因为“禁果效应”所带来的逆反心理而去打开它，就会酿成意想不到的后果。

心理么么茶

所有的日子依旧美好

世间万物各有时节，过早地成熟，就会过早地凋谢。
我们既然是在春天，就不要去做秋天的事。
不要以为我细小的手指可以抹平你心中的创伤。
不，它能承受的只是拿书的力量。
我脆弱的心灵载不动你的款款深情，驶向海洋。
我不想让自己的小船过早地搁浅，
所以，请收回你热烈的目光。
请原谅我的沉默，丢失我，你并不等于失去一切。
如果真的如此不幸，只能说你还太幼稚。
把我连同你青春的心事一块儿，尘封进那粉红色记忆吧。
那时，你会发觉阳光依然灿烂，所有的日子依旧美好。

——节选自诗歌《所有的日子依旧美好》

4. 低头是一种能力

成长语录

低头是一种能力，它不是自卑，也不是懦弱，它是清醒中的转变。有时，学会低一下头，或许我们的人生之路会更精彩。

心灵絮语

小兴很喜欢信息技术这门课，一回到家里就钻研电脑，钻研钻研竟有好几次忘了做其他的作业。妈妈接到班主任的电话后，气不打一处来，不仅让爸爸把电脑从小兴的房间搬了出来，而且重设了电脑密码，禁止小兴独自玩电脑。

这可引起了小兴的不满，冲着爸爸妈妈就是大吵大嚷，他不仅拒吃晚饭，还在自己房间门上贴上“非请勿入！”“请勿打扰！”……

冷静了一会儿后，爸爸妈妈敲开了小兴的门，和小兴推心置腹地沟通了一番。爸爸妈妈理解了儿子的爱好，小兴也明白了父母的良苦用心，一家人最后达成协议：只要小兴每天回家把自己该做的作业、事情做完后就可以钻研电脑。

小兴不仅成绩提升了，对电脑软件的兴趣也越来越浓厚。利用暑假的空闲时间，小兴和同学一起合作开发的电脑软件获得了青少年科技创新奖。

我来想一想

1. 你认为小兴和父母后来的处理方式好吗？
2. 你有过和父母发生争执的时候吗？
3. 妥协会给我们的家庭带来什么呢？

心理博士说

我们都不太愿意妥协，觉得那是向人低头，觉得是一件很损面子的事情。其实，在同学之间，在我们和父母之间，学会妥协是我们成熟的表现。倔强、无理、闹脾气是小孩子的权利，但当我们越是明白了事理，就越会懂得妥协对生活的意义。

对此，心理学博士指出，掩藏在妥协让步后面的心理学效应有：

一、登门槛效应

它是指一个人一旦接受了他人的一个微不足道的要求，为了避免认知上的不协调，或想给他人以前后一致的印象，就有可能接受更大的要求。这种现象，犹如登门槛时要一级台阶一级台阶地登，这样能更容易更顺利地登上高处。所以在大的目标上我们要适当地低头，先去攻克小的目标，以退为进。

二、吃亏定律

只要你不认为自己吃了亏，别人也就一定没占着便宜。所以在冲突面前我们只要感觉自己没有吃亏，那么适当的低头可能会互相成全。

三、U形思维

如果我们在思维转变方向后再去达到目标，而不是直接冲向目标，效果可能会比横冲直撞要好得多。

这些心理效应告诉我们，适当地低头妥协，以退为进，会收获到更丰厚的果实。

韩信低头，忍受胯下之辱；刘备低头，屈身恭请孔明出山；勾践低头，卧薪尝胆。他们之所以低头，就是因为他们在低头那一刻，就坚信他们的头将来会高高昂起。

所以，妥协是有限度的忍让，是以退为进的策略，是求同存异。自我意识的校正，自我心态的调整，也是生活的智慧。

心海拾贝

低头的智慧

被称为美国之父的富兰克林，年轻时曾拜访一位前辈。年轻气盛的他，挺胸昂首迈着大步，进门时撞在了门框上，迎接他的前辈见此情景，笑笑说："很疼吗？可这将是你今天来访的最大收获。"

无独有偶，有人问过苏格拉底："你是天下最有学问的人，那么你说天与地之间的高度是多少？"苏格拉底毫不迟疑地说："三尺！"那人不以为然："我们多数人都五尺高，天与地之间只有三尺，那不是要戳破苍穹？"苏格拉底笑着说："所以，凡是高度超过三尺的人，要长立于天地之间，就要懂得低头。"

前人们提到的"记住低头"和"懂得低头"之说，就是要记住，不论你的资历、能力如何，在浩瀚的社会里，你只是一个小分子，无疑是渺小的。其实，我们的生活又何尝不是如此？自认怀才不遇的人，往往看不到别人的优秀；愤世嫉俗的人，往往看不到世界的美好。只有敢于低头并不断反思自己的人，才能不断吸取教训，才会为别人的成功而欣喜，为自己的善解人意而快乐，才会在挫折面前保持淡定。当你从困惑中走出来时，你会发现，一次善意的低头其实体现了一种难得的境界。低头亦是一种能力，它并不是自卑，也不是怯弱，它是清醒中的一种转变。

有时，稍微低一下头，或许我们的人生之路会走得更精彩。

心理么么茶

谦虚的向阳花

朋友家的后院有一块空地，他在地里撒了向阳花的种子。向阳花长势很好，发芽开花，花朵金黄金黄的，煞是美丽。孩子猜想，仰着脑袋的花朵，以后会不会比低着的更饱满？于是，他将其中的一朵花固定好，让它一直扬着头，高高地朝着太阳。

花朵里的果实在一天天的期盼中成熟了。孩子伸出胖乎乎的小手把最高的那朵花摘了下来。可出人意料的是，花朵里面已经全部都烂了，糜烂的气息扑鼻而来。

原来，如果向阳花的花朵一直高扬着头，里面积满了雨水和露水，它就没有办法排出。于是，本来应该是果实的摇篮的花朵，却变成滋生细菌昆虫的温床。所以，健康饱满的向阳花总是谦虚地低着头。

5. 学会宽容

成长语录

当一个人有勇气从黑暗中抬起头来，向光明大道走去，他后面便不会有阴影了。

心灵絮语

那是一个平常的下午，我穿了妈妈给我买的一条白色的新运动裤，精神抖擞地去上学。下午正好有体育课，我和几个同学正在打篮球，突然一个身影蹿了出来，我没有看清楚，就把球传了过去。

说时迟，那时快，球不偏不倚地砸在了一个同学的衣服上，我定睛一看，那位同学的浅蓝色衬衫上留下了一个烧饼大的黑印。

我急忙道歉，可是他火冒三丈，朝我的腿上踹了两脚，再看我的白裤子上也留下了两个深深的脚印。要是以往，我早就回敬他了，可是这次我却出乎意料地冷静下来，不知是什么力量抑制住了我内心的气愤，继续玩球……

放学后，同学们纷纷回家。这时我发现有个同学在心急火燎地找东西。我热情地走过去准备帮忙，没想到正是踢脏我裤子的同学。我转身想走，可又一想："何必呢！"就帮他一起找，留他在一旁尴尬。

我热情地伸手相助的时候，迎来的是那位同学感激的笑容，我的心里也荡漾着温暖和快乐。

我来想一想

1. "我"为什么能够抑制住自己的愤怒？
2. "我"后来的做法正确吗？
3. 如果是你，你会怎么做呢？

心理博士说

心理学家鲁斯金认为，宽容可以减少压力，降低血压，避免愤怒、失望的情绪和伤害，它会让人提升积极的心态，满怀希望，心存怜悯，增加身体的活力。此外，心理学研究证明：具备开朗、坦率、大度等良好个性品质的人，人际影响力就强；反之，有傲慢、以自我为中心、言行不一、欺下媚上、嫉贤妒能、斤斤计较等不良个性品质的人，是不受欢迎的人，也就没有人际影响力可言。

雨果说："世界上最宽阔的是海洋，比海洋更宽阔的是天空，比天空更宽阔的是人

的胸怀。”

宽容是一种美德，宽容别人其实就是宽容我们自己。多一点对别人的宽容，我们的生命中就多了一点空间。

在平常的生活中，我们就要学会从生活的细节中来养成宽容的美德。

一、推己及人

凡事都要将心比心，当我们学会站在别人的角度思考，就会比较容易理解和体谅他人。我们可以这样思考：“如果我是他，我会怎么想？”

二、把微笑挂在脸上

每天对身边的人多微笑几次，把快乐传递给大家。

三、学会原谅

原谅伤害你的人，让痛苦的能量到你这里终结。帮别人开启一扇窗，也就是让自己看到更广阔的天空。

四、幽默升华

用幽默的方式改变尴尬的境地，不被一些微不足道的小事绊住。

心理大侦察

测测你的宽容度

导语：你是一个宽容的人吗？你想了解自己的宽容心到了一个什么样的程度吗？你想成为一个受欢迎的人吗？请对下列问题做出“是”或“否”的选择：

1. 有很多人总是故意跟我过不去。　是　否
2. 碰到熟人，但当我向他打招呼而他视若无睹时，非常令我难堪。　是　否
3. 我讨厌和整天沉默寡言的人一起生活、工作。　是　否
4. 有的人哗众取宠，说些浅薄无聊的笑话，居然能博得很多人的喝彩。　是　否
5. 生活中充满庸俗趣味的人比比皆是。　是　否
6. 和目中无人的人一起共事真是一种痛苦。　是　否
7. 有很多人自己不怎么样，却总是喜欢嘲讽他人。　是　否

8. 我不理解为什么自以为是的人总能得到领导的重用。 是 否
9. 有的人笨头笨脑，反应迟钝，真让人窝火。 是 否
10. 我不能忍受上课时老师为迁就“学困生”而把讲课速度放慢。 是 否
11. 有不少人明明方法不对，还非要别人按着他的意见行事。 是 否
12. 和事事争强好胜的人待在一起使我感到紧张。 是 否
13. 我不喜欢独断专行的领导。 是 否
14. 有的人整天牢骚满腹，而我觉得这种处境全是他们自己造成的。 是 否
15. 和怨天尤人的人打交道，使自己的生活也变得灰暗。 是 否
16. 有不少人总喜欢对别人的工作百般挑剔，而不顾及别人的情绪。 是 否
17. 当我辛苦做完工作，却得不到别人的认可时，我会大发雷霆。 是 否
18. 有些蛮横无理的人常常事事畅通无阻，这真令我看不惯。 是 否

计分方法：

每题答“是”的计1分，答“否”的计0分。把所有得分相加，统计总分。

结果解析：

13~18分，说明你需要在生活中增加自己的灵活性，培养宽容精神；

7~12分，表明你具有常人的心态，尽管时时碰到难相处的人，有时也会被他们的态度所激怒，但总的来说尚能忍受；

0~6分，说明你是一个非常宽容的人，外界的纷繁复杂很难左右你平和的心态。

“三尺巷”变“六尺巷”

康熙年间，宰相张英老家的府第与吴宅为邻。有一年，吴家建房子时占据了张家的空地，张家不服，双方发生了纠纷，互不相让，于是告到了县衙门。因为张、吴两家都是显贵望族，县官左右为难，迟迟不能判决。张英家人见有理难争，就写信向张英告知此事，想让宰相给家中撑腰。张英看完家书后，并不赞成家人为争夺地界而惊动官府的行为，于是便提笔在家书上批诗四句：“一纸书来只为墙，让他三尺又何妨？万里

长城今犹在，不见当年秦始皇。”寥寥数语，寓意深长。张家接到书信后，深感愧疚，便毫不迟疑地让出了三尺地基。吴家见状，觉得张家有权有势却不仗势欺人，被“宰相肚里能撑船”的大度所感动，于是也效仿张家向后退让了三尺地基，便形成一条六尺宽的巷道，这条巷道被乡里人称为“六尺巷”。

第四篇 跨越叛逆的坎

其实只要我们稍微改变一下我们的行为方式，生活中的很多问题是可以避免的。比如，你把心里话说出来，双方的误解就可能会消除；你可以试着控制一下急躁的脾气，放松一下，也许气氛就不会那么尴尬。

1. 说出你的心里话

成长语录

假如人际沟通能力也是同糖或咖啡一样的商品的话，我愿意付出金钱来购买这种能力。

心灵絮语

我的心理话

最原始的记忆里，我咬着棒棒糖向你撒娇，你一脸宠溺地看着我，为我擦嘴角。

那时的你总说我是最棒的，你总是围在我身边，带我去走亲访友，带我领略四季的风采……

后来，家里有了新生命的降临。你开始忽略我，开始不再关注我，你把生活的重心放在了新生命上。我渐渐地开始失落，孤单，彷徨……

我以为是我不够优秀，不够努力，你不喜欢我……我开始学会刻苦，我一次又一次地在学业上取得骄人的成绩。我想要你表扬我，我想要你的奖励，想要你多关注我，可是，事与愿违，你只会淡淡地笑着说“继续努力”。你从来不知道这四个字浇灭了我所有的期待、所有的等待。你不懂我多么多么地期望

你带我去 KFC 或者去游乐园，或者像从前一样去散步、游玩。

一次次的失望后，我不再像从前那样去找你。我明白了你并不在乎我，我的脾气在你面前变坏。我希望你看到我，希望你理睬我，你却总是对别人说我如何如何的坏。我也不在乎别人的评价，与你的关系越来越冷淡，与你之间的话题越来越少，与你的关系越来越差，对你总是冷眼相待，你以为我真的是这样的。当你对别人说我无可救药的时候，我的心有多痛。却不知道我多期望你可以给我一个拥抱，分我一点温柔。渐渐地，我们的交集越来越少。

——摘自短文学网

我来想一想

1. 你是否也像文中的“我”一样有很多心里话没有说出来？
2. 如果妈妈知道了“我”的心里话会怎么样？
3. 你会勇敢地表达自己的心里话吗？

心理博士说

有人说：“世界上有种结难以解开，它叫心结；世界上有扇门难以敞开，它叫心扉；世界上有条沟难以逾越，它是代沟。”

在学习、成长的过程中我们难免会有困惑或者不满，但又不能充分地表达出来。那么就要试着创造机会与老师和家长谈心，并且在谈的过程中要尽情地说，说出自己生活、学习中的困惑，说出自己对家长、学校、老师、同学等的不满。在说过之后，

你便会有一种发泄式的满足，从而感到轻松、舒畅。如此，你在学习中就会更加努力，生活中就会更加自信！

随着年龄的增长，我们有了自己的想法却不想告诉父母了，这是为什么呢？其实关键所在是缺乏沟通。下面教你一些小招式，让你更好地和父母沟通，你会发现他们的支持和理解是我们最好的后盾。

招式一：主动交流

平时多与父母聊一聊在学校的事情和学习上存在的困惑，谈谈让自己高兴或者不高兴的事，和父母说说心里话，有什么困惑和期望也要及时提出来和家人一起分享，可以让他们了解我们内心的想法，从而更能理解和帮助我们。

有的时候如果直接和父母对话，可能会感到不好意思或怕惹他们生气，可以采用写信或网上留言的方式，写出事情的真相、自己的心情，以及对父母的希望等，这样会更容易表达。

招式二：换位思考

换位思考的实质，就是设身处地为他人着想，即想他人所想，理解至上。不要动不动就和父母顶嘴。多站在父母的角度思考，也许我们就能体谅父母的心情和难处。

招式三：尊重理解

有事外出，应事先主动与父母联系，免得父母担心。多听听父母的观点，同时也要提出自己的观点，当观点发生分歧时，学会冷静思考产生分歧的原因及解决的对策，达到求同存异的沟通结果。同时，主动帮助爸爸妈妈做些力所能及的事。

招式四：多些宽容

遇事不必斤斤计较，因为父母是最爱我们的人，也是我们最爱的人。当父母批评或责骂我们的时候，不要急于反驳，先心平气和地听完父母的想法，或许你会了解父母大发雷霆背后的理由。如果你做得不对，不要逃避，而是要大胆承认错误，主动道歉往往会得到父母的谅解。

心海拾贝

南风效应

法国作家拉封丹写过一则寓言，讲的是北风和南风比赛威力，看谁能把行人身上的大衣脱掉。北风首先发威，来了一个呼啸凛冽、寒冷刺骨，结果行人为了抵御北风的侵袭，把大衣裹得紧紧的。接着，南风徐徐吹动，行人顿觉温暖上身，于是解开纽扣，脱掉了大衣，南风获得了胜利。

在人们的观念中，北风似乎威力更大，却为什么输了？原因在于南风采用了“软”的手段，而北风则采取了“硬”的手段，后者使人们产生了抵触心理。北风遇事焦躁，不加三思，就用粗暴行为横加干涉，往往激怒别人，结果自然是无法奏效。而南风却遇事镇定，充分地分析事情的利弊，充分地考虑人家的感情。顺其意而后行之，自然就能马到成功。

因此，我们在与人沟通时，就要特别注意方法，真诚、关爱、温和、尊重永远是沟通制胜的法宝。

心理么么茶

给教授改裤子

有一位教授正精心准备一次重要会议的演讲。会议规格之高、规模之大，都是他平生第一次遇到的。全家人都为教授的这次露脸而激动，为此，妻子专门为他选购了一套西装。晚饭时，妻子问："西装合身不？"教授说："上身很好，裤腿长了两厘米，倒是能穿！"

晚上教授早早地就睡了。妈妈却睡不着，琢磨着儿子这么隆重的演讲，西裤长了怎么能行，就翻身下床，把西裤的裤腿剪掉了两厘米，缝好烫平，然后安心地入睡了。

早上五点半，妻子睡醒了，想起丈夫西裤的事，心想时间还来得及，便拿来西裤又剪掉两厘米，缝好烫平，惬意地去做早餐了。

过了一会儿，女儿也起床了，看妈妈的早餐还没有做好，就想起爸爸西裤的事情，寻思自己也能为爸爸做点事情了，便拿来西裤，再剪短两厘米，缝好烫平，结果教授穿上西裤时发现，裤腿不是长了两厘米，而是短了一大截子。

妈妈、妻子和女儿都想让教授能穿上更加合身的西装，但是因为她们之间欠缺沟通，结果好心办成坏事了。如果她们之前能做一个简短的交流，把自己的想法都说出来，就不会发生这样的事情了，而教授也能穿上合身的西装去演讲了。

2. 给心情放个假

成长语录

绷得太紧的弦会断，穿久了不换的鞋也会过度磨损。而我们的人生是个长久的过程，很多事情都不可能一蹴而就，必要时要学会给心情放个假。

心灵絮语

刘瑶是个成绩不错的孩子，而且非常努力，老师很喜欢她。只是她平时太努力了，别人休息的时候她还在拼命地学习。

不知怎么的，接连几次的数学考试刘瑶都没有考好，她感到很伤心，心情很低落，上课开始有些走神了。

班主任秦老师发现刘瑶心情不好就找到她问："刘瑶，最近几次模拟考，你的成绩有些退步，是什么原因呢？"

"秦老师，上次是意外，我保证下次一定考好。"刘瑶的脸涨得通红。

"不，刘瑶，你不要以为老师是在责怪你。老师知道你很自觉，你是太累了，太在乎了。人一旦太在乎就容易使劲，使劲过了就容易累。"

秦老师像一位慈母似的摸着她的头说道："记住，弦绷得太紧是要断的。要学会休息，休息好了，精神足了，做起事情来才能事半功倍啊。"

我来想一想

1. 刘瑶成绩退步的真正原因是什么？

2. 秦老师为什么告诉刘瑶要学会休息？

3. 你也想给自己的心情放个假吗？

心理博士说

在这个特殊的年龄段，我们往往容易因一些挫败而焦虑，感到自己压力太大，害怕考试失败，害怕同伴的疏远，害怕失去每一个机会……

慢慢地，我们就会感到过度的焦虑、紧张，出现失眠、成绩下滑、想发脾气等现象，而这些又会影响我们后面的学习和生活。所以，在我们感到紧张焦虑时一定要学会给自己的心情放个假。

以下的放松方法可以让我们体验到不同的感受。

一、呼吸放松法

操作要领（按次序）：①安静，让心静下来；②用鼻孔慢慢地吸气，想象空气从口腔顺着气管进入腹部，腹部随着吸入的空气的不断增加慢慢地鼓起来；③吸足空气后，稍微屏息一下，想象吸入的空气与血管里的浊气进行交换；④用口和鼻同时将腹中之气慢慢地自然吐出，让腹部慢慢地瘪下去；⑤睁眼，恢复原状。

如要连续做，可以保持入静姿态，重复呼吸。

二、肌肉放松法

将双手掌心向上平放在座椅扶手上，握紧拳头，使双手及前臂肌肉保持紧张5秒钟，然后放松。侧平举张开双臂做扩胸状，体会臂部的紧张感5秒钟，然后放松。

三、冥想放松法

冥想放松的时候要以自己感到舒服的姿势坐好或者躺好，闭上眼睛，然后调整呼吸，可以播放轻音乐，然后想象自己正待在一个宁静美好的环境里。想象自己感觉到的一切，然后做深呼吸5遍，慢慢地数5下，睁开眼睛，你会感觉到头脑轻松而又清爽。

心海拾贝

阿基米德与酝酿效应

在古希腊，国王让人做了一顶纯金的王冠，但他又怀疑工匠在王冠中掺了银子。可问题是，这顶王冠与当初交给金匠的金子一样重，谁也不知道金匠到底有没有捣鬼。国王把这个难题交给了阿基米德。

阿基米德为了解决这个问题冥思苦想，他起初尝试了很多办法，但都失败了。有一天他去洗澡，他一坐进澡盆，便看到水往外溢，同时感觉身体被轻轻地托起，他突然恍然大悟，惊叹道："啊，有了！"阿基米德最终运用浮力原理解决了国王的问题。

不管是科学家还是一般人，在解决问题的过程中，我们都可以发现"把难题放在一边，放上一段时间，才能得到满意的答案"这一现象。心理学家将其称为"酝酿效应"。阿基米德发现浮力定律就是酝酿效应的经典故事。

在日常生活中，我们常常会对某一个难题束手无策，这时思维就进入"酝酿阶段"。直到有一天，当我们抛开面前的问题去做其他的事情时，百思不得其解的答案却突然出现在我们面前，令我们忍不住发出类似于阿基米德的惊叹，这时，"酝酿效应"就绽开了"思维之花"，结出了"答案之果"。古代诗词所说的"山重水复疑无路，柳暗花明又一村"正是这一心理的写照。

因此，如果你面临一个难题时，不妨先把它放在一边，做做其他学科的作业，听听音乐，运动一下，或许答案真的会"踏破铁鞋无觅处，得来全不费工夫"。

心理么么茶

放松心情的24个方法

1. 如果你觉得力不从心，那么应停止任何的加班加点。

2. 拥有一两个知心朋友。

3. 犯错误后别过度内疚。

4. 正视现实，因为回避问题只会加重心理负担，最后使得情绪更为紧张。

5. 不必事事、时时进行自我责备。

6. 有委屈不妨向知心人诉说一番。

7. 常对自己提醒：该放松放松了。

8. 少说“必须”“一定”等词。

9. 对一些琐事不妨任其自然。

10. 不要怠慢至爱亲朋。

11. 学会理智地待人接物。

12. 把挫折或失败当作人生经历中不可避免的有机组成部分。

13. 在实施某一计划之前，最好事先就想到可能会出现坏的结果。

14. 在已经十分忙碌的情况下，就不要再为那些分外事操心。

15. 常常看相册，重温温馨时光。

16. 常常欣赏喜剧，学会说笑话。

17. 洗个温水澡，边洗澡边唱歌。

18. 卧室里常常摆放鲜花。

19. 欣赏最爱听的音乐。

20. 去公园或花园里走走。

21. 回忆一下一生中最感幸福的经历。

22. 结伴郊游。

23. 邀请性格开朗、幽默的伙伴一聚。

24. 做5分钟的遐想。

3. 控制你的坏脾气

成长语录

不要轻易伤害你的亲人和朋友，因为这种伤害即使再怎么弥补，永远都会留下一道道伤痕。

心灵絮语

有一个小男孩，脾气很是暴躁且不能够控制自己的情绪，每天总是喜欢大发脾气。

为了改变他这种情况，有一天父亲拿过一大把铁钉和一把小锤子，对他说："杰克，你以后想要发怒的时候就跑到门口的那根粗木桩那里钉一颗钉子。"

于是，每当小男孩想发怒的时候就跑到家门口的木桩那里，钉进去一颗铁钉。

有一天，父亲对他说道："杰克，每当你感到心情不错时就从木桩上取下一颗钉子吧！"

听完了父亲的话，小男孩就走到木桩那儿取下了一颗钉子。他发现，取出钉子要比钉钉子难多了。可从那一天开始，小男孩每天取出的钉子越来越多。

终于有一天，他不再往木桩上钉钉子了。父亲高兴地表扬了他，小男孩心里喜滋滋的。

直到有一天，小男孩把所有的钉子都取出来了。

父亲带他来到那根大木桩前，对小男孩说道："你知道取钉子比钉钉子难了吧！同样的道理，责备辱骂一个人是一件很简单的事，可想要重新获得友谊却很难。你再看看这根木桩，虽然你把所有的钉子都取了出来，可你钉钉子时留下的伤痕却永远去不掉了。这告诉我们，不要轻易伤害你的亲人和朋友，因为这种伤害即使再怎么弥补，不论再过多少年，它的伤痕永远也去不掉。"

我来想一想

1. 你会经常发脾气吗？
2. 你从这个故事里明白了什么？
3. 你知道有什么办法可以控制住自己的脾气吗？

心理博士说

心理学家指出，坏情绪最可怕之处在于会不断地放大。有一个笑话，有一个女人不小心打碎了一只鸡蛋。于是，这个女人开始联想，一只鸡蛋可以孵化成一只小鸡，小鸡长大成母鸡，母鸡可以下很多蛋……这个女人痛苦极了，她觉得自己失去了一个养鸡场。女人变得郁郁寡欢，最后竟然一病不起。

可以说，在一切不利的影响因素中，最能影响人的生活的，莫过于不良的情绪和恶劣的心境。人不可能永远处在好情绪之中，生活中肯定有挫折，有烦恼，有消极情绪。如果不予以调节和克制，任其疯长，消极情绪最终会占据你全部的心灵。

在生活中，每个人都会遭遇愤怒、焦虑等不良情绪，如果这些不良情绪不能表达或发泄出来，就容易导致疾病或身体机能失调。但是如果发泄不当，又会给我们的学习和生活带来困扰，那我们该如何调节自己的不良情绪呢？

一、学会合理宣泄

可以通过找朋友倾诉、痛快地哭、大声喊叫或者找个枕头来宣泄自己不愉快的情绪或被压抑的情绪。

二、学会正确表达

把内心的感受告诉对方，让别人能够了解你的想法，比如：“你们这样说，我很伤心”，或者“你这样做要考虑下我的感受”等。

三、学会转移注意力

当我们感到不开心时，可以通过转移注意力让自己的情绪得到很好的调节，我们可以尝试做这些事情，如运动、读小说、听音乐、看电视、看电影、唱歌、跳舞等。

心海拾贝

身体情绪图

据美国某媒体报道，科学家们早就知道通常“情会及身”，即人的喜怒哀乐也会投射到身体上，使身体产生相应的感觉。比如，感到焦虑不安的时候，胃就开始抽搐、隐隐作痛；感到羞愧时，脸会刷地变红。现在一项新的研究向我们证实，不管来自世界

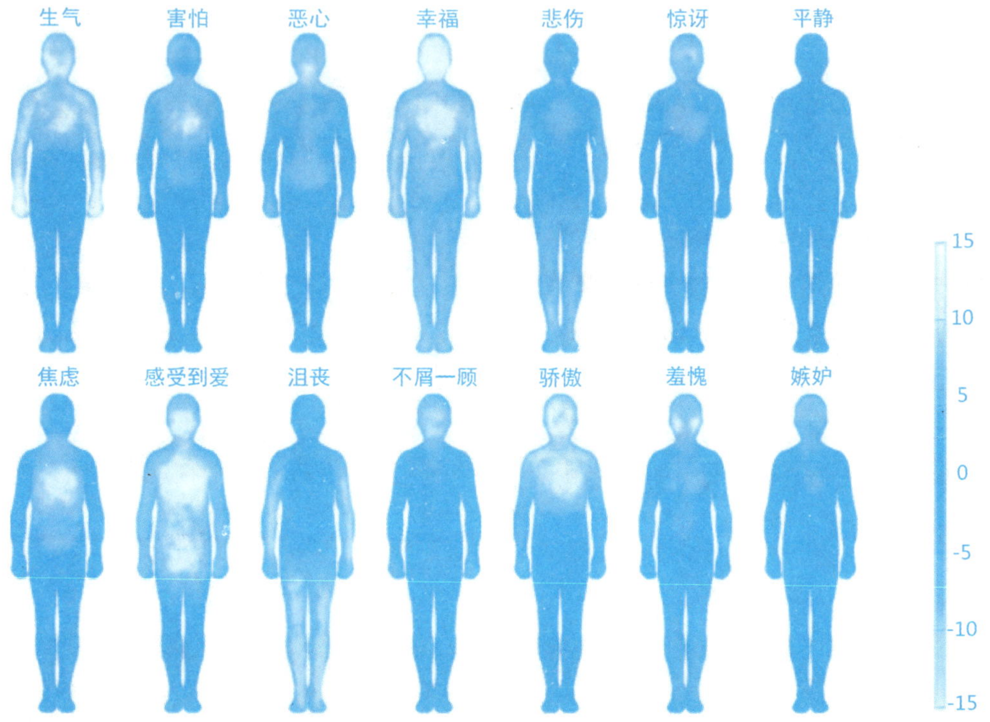

身体情绪图：喜怒哀乐的情绪变化影响身体热量分布

上哪个国家的人，即使大家说着不同的语言，有着不同的文化背景，但是都有一个共同点，那就是情绪会引发身体上的感觉，这是一种生物性的关联，与人们强烈的求生本能息息相关。

上述图片是受调查者填出的一张“身体情绪图”，它展示了当人们呈现不同情绪时，身体的哪些区域会产生感觉，受调查者在感受到情绪增强时填暖色，感受到情绪减弱时填冷色。

心理么么茶

生气会危害健康

美国生理学家爱尔玛为了研究情绪状态对健康的影响，设计了一个很简单的实验。他把一支支玻璃管插在正好是0℃的冰水混合物容器里，然后分别注入人们在平和、悲痛、悔恨、生气等不同情绪状态下呼出的“气水”。

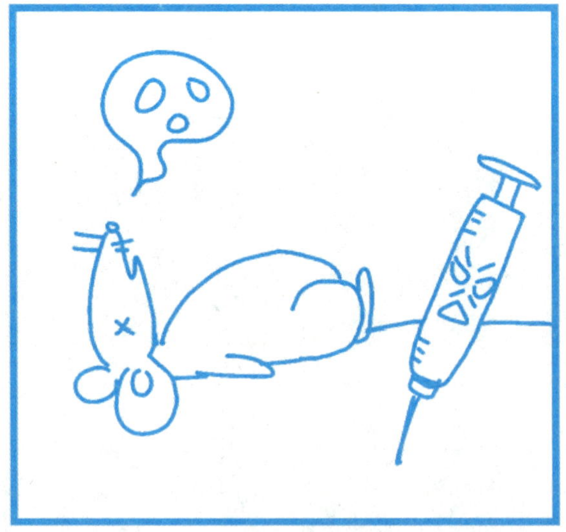

结果发现，当一个人心平气和时呼出的水汽冷凝成水后，水是澄清透明、无杂质的；悲痛时呼出的水汽冷凝后则有白色沉淀；悔恨时呼出的水汽沉淀物为乳白色的；而生气时呼出的“生气水”的沉淀物为紫色的。

他把“生气水”注射到大白鼠身上，几十分钟后，大白鼠就死了。由此可见，生气对健康的危害非同一般。

4. 给自己一个奖励

成长语录

在这个世界上，没有一种成功不是自我激励的结果。不管什么时代，如果不懂自我激励，你就会与成功无缘。

心灵絮语

于晨最头疼的一件事就是做数学作业，每次翻开数学作业，总觉得所有题目都不会做，每次做数学题对于晨来说都是一次煎熬。

老师知道于晨的这个苦恼后，让她尝试用一种新的方法去完成作业。他让于晨先从简单的数学题开始做，如果能把这些题都做完，就奖励自己一块巧克力。

巧克力是于晨的最爱，为了她喜欢的巧克力，她开始和那些讨厌的数学题做斗争。

果然，经过一番努力，第一块巧克力到手了。之后就是有难度的题目了，但于晨没有犹豫，她又与数学题较量了起来。虽然过程和之前一样很艰难，但是于晨没有放弃，她一直在尝试，一直在努力。

最终，于晨获得了两块巧克力的奖励，而且数学作业也全部完成了。自此之后，做数学作业对于晨来说就再也不是煎熬了。

我来想一想

1. 你有和于晨一样的苦恼吗？
2. 你觉得老师教于晨的这个方法怎么样？
3. 对于晨的问题，你还有其他的好方法吗？

心理博士说

美国著名心理学家斯金纳设计了一种动物实验仪器（即著名的斯金纳箱），箱子里的东西非常少，设有一根杠杆，他往里面放进去一只小白鼠。小白鼠在箱内可以自由活动，当它无意中压到杠杆时，就会有一团食物掉进箱子下方的盘中，它就能吃到食物。按压杠杆几次之后，小白鼠便知道可以通过这个动作取食了。心理学家认为，小白鼠之所以能够学会这个动作，是因为按杠杆后掉出来的食物对它们的行为进行了强化，从而导致它们按压杠杆的行为频繁发生。

心理学家把这种做出某种行为或反应，同时或随后得到某种奖励，从而使行为或反应强度、概率或速度增加的过程，称为正强化。正强化的方法包括奖励、表扬、激励等，正强化不仅会增加我们后面行为的频率，也会让我们获得精神上的愉悦感。

所以，在日常生活中我们都要学会给自己正强化，当我们完成一个小任务、通过努

力实现了一个小愿望、得到了老师的夸奖、考试成绩提高了等之后，要及时地给自己奖励。给自己一次奖励，就是给自己一个肯定，给自己一分信心；给自己一次奖励，不仅会使我们感到心情愉快，激发我们的上进心，还会让我们更有动力去迎接后面的挑战哦！

给自己的奖励可以是一些物质奖励，如巧克力、糖果、文具、书籍等。除此以外，我们还可以通过其他方法激励自己不断向前。

一、积极的自我暗示

经常对自己说："我是最棒的！我真行！我肯定能！……"你会发现自己真的可以，真的很棒。

二、开心的理由是自己

令我们开心的事不在别处，就在我们自己身上。当我们开心的时候，体内就会发生奇妙的变化，从而获得新的动力。记住：在自己身上寻开心。

三、设置不同的奖励物

根据不同的目标给自己设置一些不同价值的奖励物，如完成一个小任务奖励一颗

糖果，集齐5颗糖果后就可以换一个大点的奖励，如看一场电影等。

四、把期望效应用在自己身上

给自己制订一个目标，并告诉自己："我能长成我所希望的那样。"慢慢地，你会惊喜地发现你离你的目标已越来越近。

五、和朋友分享

邀请要好的同学、朋友和自己聚会，分享自己的快乐，快乐的情绪就会成倍增长。

心海拾贝

自我激励的方法

第一，找出原因。做事之前先问自己"为什么"，实现目标可能是一个漫长的过程，万万不可忘记你是为何上路的。把激励你的东西写下来，时时加以温习。

第二，只向前看。假装你实现了自己的目标，一旦开始，就要将负面的可能抛诸脑外，只想着成功带给你的美好感觉。

第三，想做就做。耐克公司"Just Do It"这句广告语用了二十多年，那是有道理的。信息时代，我们无时无刻不在接受信息，很容易迷失于其中。不论怎样，都不如卷起袖子行动更有效果。

第四，奖励自己。如果你做到了自己想要做的事或完成了自己的计划，就给自己一个预先确定的奖励。同样地，如果你没做到，就要给自己以惩罚。

第五，想想让你讨厌的人。我们都知道嫉妒与仇恨是两种丑陋的情感。但是，将一些黑暗的东西变成巨大的动力，又何尝不可？想想吧，你讨厌的人已经行动起来了，而你还躺在舒适的地方睡大觉。你就不希望得到快乐与回报吗？让自己开始行动吧，就在今天！

第六，给自己多种选择。当我们打起精神去做自己不愿意做的事情时，消极地自言自语是必须予以清除的一大障碍。请告诉自己，你不是迫不得已的，而是心甘情愿的。这种简单的思维转换能让一切工作变得容易接受。

第七，将任务分解。下面哪个任务看着更简单？ 2小时内背100个单词还是15分钟内背12个单词？将任务拆分成若干部分有助于你开始行动。

心理么么茶

气球能飞与颜色无关

一天，几个小孩正在公园里玩，这时，一位卖氢气球的老人推着货车进了公园。小孩子们一窝蜂地跑了过去，每人买了一只，兴高采烈地追逐着放飞在天空中的色彩艳丽的氢气球。

等其他小孩的身影消失后，一个黑人小孩才怯生生地走到老人的货车旁，用略带恳求的语气问道："您可以卖一个气球给我吗？"

老人用慈祥的目光打量了一下他，温和地说："当然可以。你要一只什么颜色的？"

小孩鼓起勇气回答说："我要一只黑色的。"

脸上写满沧桑的老人惊诧地看了看小孩，旋即给了他一只黑色的氢气球。

黑人小孩开心地拿过气球，小手一松，黑色气球在微风中冉冉升起，在蓝天白云的映衬下形成一道别样的风景。

老人一边眯着眼睛看气球上升，一边用手轻轻地拍了拍黑人小孩的后脑勺，说："记住，氢气球能不能升起，不是因为它的颜色、形状，而是因为它的内部充满了氢气。一个人的成败不是因为种族、出身，关键是你的心中有没有自信。"

那个黑人小孩便是美国著名的心理医生基恩博士。

——选自《羊皮卷的智慧》

5. 拨打心理 120

成长语录

小小少年很少烦恼，无忧无虑乐陶陶，随着年岁由小变大，他的烦恼增加了。

心灵絮语

“进不进去呢？”小楠在学校心理辅导室前徘徊了又徘徊。向一个毫不认识的人求助，总让人感到胆怯、无法信任。况且，心理老师就真能有主意吗？能帮助自己吗？时间就在犹豫中过去了。

第二天，趁没人，小楠又来到了学校心理咨询室前，敲开了辅导室的门。心理老师王老师亲切而温柔地请小楠坐下，看着王老师甜甜的微笑，小楠的顾虑打消了。小楠告诉王老师自己和好朋友吵架了，两个人已经一个月没说话了，她感到非常难过，想和好，又不知道应该怎么做。她想过告诉父母，又怕他们不能理解；告诉朋友，又怕丢面子；和老师说说，又怕老师以为她在闹小情绪。实在没办法，就来找她了。

“那你怎么放心找我呢？”王老师又是很亲切地笑笑。

小楠摸摸头，想说什么又没说出来。

“小楠，老师很感谢你对我的信任。在我们的一生中，总会碰见大大小小的困难。有些我们自己咬咬牙就扛过去了。有些我们能力不够，就要学着寻求别人的帮助。”

小楠很信服地点点头。

“现在就和老师说说，你和好朋友是因为什么吵起来的吧。”王老师接着说。

…………

从心理辅导室出来，小楠感觉到了前所未有的轻松。

我来想一想

1. 你在有烦恼的时候找过学校的心理老师吗？
2. 你是怎么看待心理辅导的呢？
3. 我们能够从心理老师那里得到什么帮助呢？

心理博士说

在我们的学习和生活中，总会遇到一些问题是我们自己无法解决的，事情积累多了就会对我们的身心造成不良的影响，因此，在成长中遇到困惑时适时地向老师寻求帮助，获得老师的支持，是非常重要的。

我们可以通过以下一些方式帮助自己排解学习、生活、人际及情感方面的困扰。

一、找心理辅导老师

学校通常会设有心理辅导室，有专业的心理老师在那里值班。你可以直接到心理辅导室与老师面对面地进行交谈。

二、拨打心理热线电话

如果你平时上课太忙，没时间去辅导室或觉得不好意思，那么在休息时拨打心理辅导室的热线电话是个不错的选择。

三、发电子邮件或者写信

如果你觉得通过写信能更好地表达你的想法，你可以把自己的问题通过电子邮件或者纸质的信写下来，然后寄给心理信箱。

心海拾贝

心理健康的十条标准

美国心理学家马斯洛和米特尔曼提出的“心理健康的十条标准”被公认为是最经典的标准。

（1）充分的安全感

（2）充分了解自己，并对自己的能力做出适当的评价

（3）生活的目标切合实际

（4）与现实的环境保持接触

（5）能保持人格的完整与和谐

（6）具有从经验中学习的能力

（7）能保持良好的人际关系

（8）适度的情绪表达和控制

（9）在不违背社会规范的条件下，对个人的基本需要做适当的满足

（10）在不违背社会规范的条件下，能做有限的个性发挥

心理么么茶

如何正确看待心理咨询

心理咨询≠有精神病、不光彩、不体面

目前，人们对心理咨询虽有所了解，但仍有不少人认为是“治精神病”的，或者觉得只有到了精神病发作的程度才有必要去看心理医生。曾有心理学家做过统计，来心理门诊咨询的人中仅有约16.3%才达到精神病的诊断标准。还有一些人认为看心理医生是不光彩、不体面的事，往往是偷偷摸摸地来到心理门诊，唯恐被别人发现。实际上，在大多数发达国家里，人们对心理咨询的理解正好与我们相反。例如在美国，恋人约会前，男生会去见一次心理医生，约会时他有可能在其女友面前炫耀一番他在这之前看过心理医生，他的女友则会为之感动，因为她觉得男友这样做表明对她、对约会很重视，也说明他是个重视生活质量的人。

心理医生≠算命先生

有些咨询者会将心理医生神化，一种心理状态是认为心理医生是搞心理学的，应该一眼就能看出咨询者的心理问题，否则就是不称职的。另一种心理状态是咨询者羞于表达内心感受，不愿将自己的心理活动吐露出来，认为医生能够猜得出。实际上，心理医生也是凡人，只是懂得运用医学心理学原理，结合自己的专业知识，依据咨询者提供的问题提出有效的解决办法。（正如有人感冒发热时医生先用体温计测出体温后再制订治疗方案一样。所以，咨询者一定要敞开心扉与心理医生直接交流。）

第五篇　超越叛逆的自我

如果正确对待叛逆，叛逆也可以为我们的成长带来无尽的动力。它可以让我们向别人证明自己的力量；可以让我们尝试冒险，让我们的生活充满挑战；也可以让我们发掘自己无限的潜能。

1. 证明自己的力量

成长语录

就算再多的人反对，我也要坚持自己的理想，因为逆风的方向更适合飞翔。

心灵絮语

小君参加了学校组织的研究性学习小组，她担任了研究性学习小组的组长。她对参与研究热情度很高，也很感兴趣。每次回家，她都会很认真地查找资料，整理思路，

很多时候还与同学通电话商讨研究细节。可爸爸妈妈并不赞同小君参加这样的研究。爸爸妈妈觉得，中学生学好基础知识是关键，这些研究的东西应该是上大学以后才去花时间搞的。所以，爸爸妈妈让她退出来，好好钻研自己的学习。

得不到父母的支持小君很难过，她觉得自己对这方面很感兴趣，而且也很锻炼自己的能力。她寻求了老师的帮助，老师便帮着她一起规划自己的学习与研究的时间，鼓励她跟爸爸妈妈好好沟通，让爸爸妈妈明白自己的研究很有意义，甚至让他们也提出对研究的看法。

爸爸妈妈被她的真诚和热情打动了。小君非常开心，对自己的研究更有信心了，经过一段时间的努力，小君带领着自己的研究小组展示了他们的研究成果，最后获得了学校综合实践探究一等奖，而且还要去参加市里的比赛。父母也对小君竖起了大拇指。

我来想一想

1. 你觉得小君做得怎样？
2. 当你决定的事情遭到反对时你会怎么做？
3. 你会如何证明自己的能力？

心理博士说

我们每个人都和小君一样，有自己坚持的事情或者想法。然而，并不是所有人都会无条件地支持我们，我们需要向他人证明“我肯定能做到”才能获得他人的认可，把自己想做的事情坚持下去。那么，我们要怎样才能向别人证明自己的力量而获得成功呢？我们也许可以从以下几点找到启发。

一、我有巨大的能量

人的潜能是无限的，只是我们每个人对它的开发和利用程度不同。如果你不相信自己拥有巨大的潜能，你也将很难开发利用自己的潜能并获得成功；反之，如果你能充分地发掘自己具有的能量，并合理地利用它们，那么你将会看到一个不一样的自己。相信自己的潜能，是你前进道路上的巨大动力。

二、找到自己的方向

我们需要为自己确定一个专一的目标。当一个人同时向着多个目标发展时，不可能很好地发挥自己的潜能。一旦你选择了一个目标后，就必须学会放弃其他一些目标。我们可以从自己的兴趣爱好入手。每个人都有自己的兴趣爱好，我们要在日常的学习和生活中留心观察，找到适合自己的发展方向。

三、坚持就是胜利

找到喜欢的事就要坚持做下去，不能半途而废，虎头蛇尾。保持恒心提升自己，你今天就能比昨天做得更好。越往前走，你的进步就会越大，就会离目标越近。同时，要始终着眼于自己的目标，学会从失败中吸取教训，不让过去的失败成为自己前进路上的绊脚石。只有依靠始终如一的坚持，不断努力，才能获得成功。

四、学会利用时间

时间就像海绵里的水，是挤出来的。例如，我们可以在两个活动之间的空闲时间内做自己的事；也可以事先制订好计划利用零碎、短暂的时间，逐步完成所定下的目标，这样也可以完成很多事情。只要我们学会合理利用空闲时间，制订合理的计划，提高做事的效率，行动起来做自己喜欢做的事，也可以有很大的收获。

克服自卑，展现自我价值

自卑是一种自我否定的倾向，主要是低估自己的能力，觉得自己各方面都不如人。其主要表现在于对自己的能力、品质等评价过低，还会出现害羞、内疚、忧郁等情绪反应。

长时间的自卑，不仅会造成心理上的不健康，也会对生理健康产生不良影响。因此，我们要学会克服自卑心理，让自己成为一个自信的人。

要克服自卑，我们可从以下几点入手：

一、正确认识自己

学会全面地看待和评价自己，不要只关注自己的短处，更要看到自己的优点，切不可因自己的某些不如人之处而忽略自身的优点。要多去发现自己的长处，树立自信心。同时，也要善于挖掘自己的潜能，利用自身的特点，大胆尝试、勇于拼搏。一个人只有做到客观地评价自己和他人，进行合适的比较，才有助于肯定自己，克服自卑感。

二、正确地归因

不能因为一次失败就认为自己能力不行。失败的原因很可能是多方面的，既有自身的原因，也有来自外部的各种因素的干扰。面对失败，不要只顾着沮丧与难过，要学会具体分析导致失败的原因，用理性的态度面对失败和挫折，不轻言放弃。

三、学会自我肯定

自卑的人一般都比较敏感脆弱，经不起挫折的打击。在学习和生活中，要善于自我满足，知足常乐。无论是成功还是失败，只要有做得好的地方，就应该对自己加以肯定。同时，要学会制订适宜的目标。这可以使你获得成功，对自己来说是一种最好的激励，有利于提高自己的自信心。之后，可以适当调整目标，争取第二次、第三次成功。在不断成功的激励中，不断增强自信心。

四、运用积极的自我暗示

当遇到某些情况并感到信心不足时，不妨运用语言暗示："别人能行，我也能行。""别人能成功，我也能成功。"从而增强自己改变现状的信心。经常回忆因自己努力而成功了的事，或合理地想象将要取得的成功，也有助于激发自信心。

五、学会合理对比

在与别人进行比较时，为了避免自卑心理的产生，应该选择与自己各方面相类似的人来做比较。跟与自己悬殊的人比较，或者拿自己的弱点与别人的优点相比，总免不了产生自卑感。与人比较时要讲究可比性，选择适当的目标，学会扬长避短。

心理么么茶

曾国藩与贼

曾国藩是中国历史上最有影响的人物之一，然而小时候的他天赋却不高。有一天在家读书，对一篇文章重复不知道多少遍了，还在朗读，因为，他还没有背下来。这时候他家来了一个贼，潜伏在他的屋檐下，希望等读书人睡觉之后再捞点好处。可是等啊等，就是不见他睡觉，还是翻来覆去地读那篇文章。贼人大怒，跳出来说："这种水平读什么书？"然后将那文章背诵一遍，扬长而去！

贼人是很聪明，至少比曾先生要聪明，但是他只能成为贼，而曾先生却成为众人都钦佩的人。

"勤能补拙是良训，一分辛苦一分才。"那贼的记忆力真好，听过几遍的文章都能背下来，而且很勇敢，见别人不睡觉居然可以跳出来"大怒"，教训曾先生之后还要背书，扬长而去。曾先生后来启用了一大批人才，按说这位贼人与曾先生有一面之交，大可去施展一二，可惜，他的天赋没有加上勤奋，变得不知所踪。

2. 向未知发起挑战

成长语录

敢于尝试，向新的事物发起挑战，不仅可以让生活充满乐趣，还能够激发自己的未知潜能。

心灵絮语

由于家庭条件不好，小女孩从4岁的时候就开始和母亲一起在菜场卖菜。一次偶然的机会，小女孩发现对面卖绿豆芽的摊上生意特别好。小女孩好奇地问妈妈，为什么就他们家生意最好。妈妈告诉小女孩，因为绿豆芽只有他们家有卖。小女孩突然想到，能不能自己培育绿豆芽来卖呢？

于是，母亲和她买来了豆芽种子、培育盒开始尝试。由于没有任何绿豆芽的培育经验，第一批豆芽由于光照过度，还没等长高就全部枯萎了。小女孩很沮丧，妈妈却告诉她，可以再尝试一次。于是，小女孩和妈妈买来培育书籍一起研究。

了解了豆芽喜阴的特点，母女俩满怀信心地开始培育第二批豆芽。没想到由于缺水，第二批绿豆芽也没有长出来。这个月的一半积蓄都用在了种植绿豆芽上，屡次失败让小女孩很沮丧。

但妈妈却告诉她，我们

还可以再试一次啊。自己动手制作浇灌的塑料管道，让绿豆芽保持阴凉环境。终于，这次的绿豆芽长得好高好高。而这个小女孩长大以后，拿到了瑞典一家科研所的全额奖学金，并一直留在当地做研究。

年轻的时候我们都没有太多经验，也并不一定很聪明，但只要有勇气去尝试，在前进的路上不断地朝对的方向努力，哪怕失败几次，也没有关系，要明白最后能成功的人，只会是那个坚持到最后不放弃的人。

我来想一想

1. 你喜欢挑战新事物吗？
2. 你赞同小女孩妈妈的做法吗？
3. 你如果对新事物产生了兴趣，会勇敢地去尝试和探索吗？

心理博士说

有人喜欢循规蹈矩地生活，也有很多人喜欢尝试接触新的、未知的事物。生活从来都是充满未知的，我们不会知道下一秒我们将会遇到什么。生活中有很多新奇而未知的事物等待我们去发现，如果我们能保持一颗好奇的心，找准方向并努力去探寻未知，我们一定会在未来遇见最美的自己。我们可以从以下几个方面入手去探索未知：

一、善于发现未知

法国著名雕塑家罗丹曾经说过：“世界上并不缺少美，只是缺少发现美的眼睛。”想要提高发现未知的能力，首先要注意在平时的生活中养成处处留心的习惯，仔细去寻找。其次是要学会思考，重视一些细微之处，从细枝末节中推论，加深对未知事物的了解。善于发现是挑战未知的第一步，当我们发现了未知的独特魅力，我们就能够继续前行。

二、相信自己能行

如果有一个人连自己都不相信，还能指望别人相信他吗？要相信自己一定能行。具有强烈自信心的人，能够承受住各种考验、挫折和失败，这种自信心会使我们受用一生。一旦人有了必胜的决心，那么，很多事物都会给他的成功让步。从现在开始试着相信自己，你会发现自己的能力真的会越来越强。

三、敢于选择并承担后果

当面临选择时，要仔细思考并做出选择，不要轻言放弃或是踌躇不前。如果不做出选择，就无法前进，甚至会失去宝贵的机会。然而，无论如何选择，只要你认为是正确的、可行的，就应该积极面对可能的结果。如果你成功了，将会增强你挑战未知的信心和勇气；如果你失败了，也不应该逃避，要学会承担责任，吸取教训，帮助自己学会成长和应对挑战。

四、向自己挑战

人的最大敌人不是别人，而是自己！向自己挑战也不是一件容易的事。要做到这一点，我们首先应该学会了解自己。只有真正了解了自己，才能明白是什么阻碍了我们前进的脚步。之后，我们可以尝试去克服自身的不足，如改变自己的坏习惯、向他人学习等。当我们战胜了自己的弱点，给自己走在生活大道上的自信、勇气、快乐，我们就能往成功的彼岸更靠近一步！

心海拾贝

思维定式的阻碍——毛毛虫效应

法国昆虫学家法伯曾经做过一个著名的实验，被称为“毛毛虫实验”。他把许多毛毛虫放在一个花盆的边缘上，使其首尾相接，围成一圈；又在花盆周围不远的地方，撒了一些毛毛虫喜欢吃的松叶。毛毛虫开始一只跟着一只，绕着花盆的边缘一圈一圈地走，一小时过去了，一天过去了，又一天过去了，这些毛毛虫还是夜以继日地绕着花盆的边缘在转圈。一连走了七天七夜，它们最终因为饥饿和精疲力竭而相继死去。法伯在做这个实验前曾经设想：毛毛虫会很快厌倦这种毫无意义的绕圈并转向它们比较爱吃的食物。遗憾的是，毛毛虫并没有这样做，它们由于习惯于固守原有的本能、习惯、先例和经验，无法破除尾随习惯而转向去觅食。

后来，科学家把这种喜欢跟着前人的路线走的习惯称为“跟随者”的习惯，把因跟随而导致失败的现象称为“毛毛虫效应”。在自然界中许多比毛毛虫更高级的生物身上，这一效应也发挥着作用，例如鲦鱼：它们因个体弱小而常常群居，并以强健者为自然首领。科学家将一只稍强的鲦鱼的脑后控制行为的部分割除后使其失去自制力，行动发生紊乱，但其他鲦鱼却仍像从前一样盲目追随。

其实，在很多时候，我们并不比毛毛虫或鲦鱼聪明多少，我们或者习惯于埋头苦干、墨守成规而不愿多加思考，依赖于惯性思维和“轻车熟路”的做事方式；或者盲目崇拜权威或迷信某些观念，只懂执行命令或生搬硬套；又或者是害怕承担风险，即使发现有问题也不敢提出来。结果，我们就像毛毛虫毫无目的地转圈一样，离自己的目标越来越远。

心理么么茶

撑杆跳女皇伊辛巴耶娃

伊辛巴耶娃是俄罗斯著名撑杆跳高运动员、俄罗斯功勋运动健将、两届奥运会冠军得主(2004年和2008年)以及2012年奥运会铜牌获得者,她被称为俄罗斯“撑杆跳女皇”。

她是第一个打破撑杆跳5米纪录的女性运动员。在她的职业生涯中,她共28次打破世界纪录。伊辛巴耶娃被观众铭记的地方,除了在赛场上每一次起跳时优美的身姿,还有她的“一厘米”神话。她每次刷新自己的记录时,几乎都是将成绩在原来的基础上提高一厘米,也因此获得了巨大的成功。

伊辛巴耶娃的做法是明智的,她每次将目标缩小到一厘米,明智的冒险帮助她不断地突破自己的极限,发掘未知的潜能,她不断努力,向自己的理想不断接近。她这种勇往直前的精神也赢得了人们对她的尊敬与喜爱。

3. 为了理想而努力

成长语录

通向成功的路有很多条，选择一条适合自己的才是最重要的。

心灵絮语

玲玲很喜欢写作，她梦想成为一名小说家。

她认为有梦想就要去实践，所以一年前就开始了自己的小说创作。

灵感一来就一直写到深夜，父母来催玲玲睡觉都好多次了，但玲玲仍然不管不顾地继续写作。有时甚至写到凌晨四五点，索性就不睡觉，洗漱完之后直接去上学了。

为此，玲玲的妈妈找她谈了好几次，让她好好睡觉，但她还是没有改变。

这样持续了几天之后，玲玲发现自己总是头昏脑涨，上课老打瞌睡，而且走起路来感觉轻飘飘的，控制不住自己。晚上写作也没了灵感。

玲玲开始改变策略，她决定先从小处做起，一步一步地向目标靠近，玲玲把自己的目标一个个列了出来：

第一步：在校刊上发表自己的文章。

第二步：在当地报刊上发表文章。

第三步：在杂志上发表自己的小说。

第四步：成为专栏作家。

……

第 **N** 步：成为一名真正的小说家。

玲玲按照设定的目标不断地努力，一步步前进着，生活也变得规律起来。

现在，玲玲已经在一家报纸上有了自己的专栏，每个星期都要为专栏的内容费尽心思，但她感觉很幸福，因为她每天都在做着自己喜欢的事，为了理想而不断努力。

我来想一想

1. 你觉得玲玲的做法怎么样？
2. 你会为了完成一件事而设定目标吗？
3. 你会怎样去完成一个挑战？

心理博士说

马克思打过一个十分形象的比方："蜜蜂建筑蜂房的本领使人间的许多建筑师感到惭愧。但是最蹩脚的建筑师从一开始就比最灵巧的蜜蜂高明的地方，是他在用蜂蜡建筑蜂房以前，已经在自己的头脑里把它建成了。"

所以，理想不等于空想，更不是胡思乱想。好的理想是个体行动的指南。真正意义上的理想是需要认真设计的。确定自己的理想，并从现在开始努力，你将会有更大的收获。为了自己的理想而努力，可以这样做：

一、量身定做理想

理想需要量身定做，就如穿衣，合身才会更美丽。不切实际的理想太大、太空，终究难以实现。不适合自己的理想，实现起来也很困难。每一个人的特点不同，爱好不同，理想也只是属于我们自己的。静下心仔细地想一想，你想要实现怎样的理想，实现这些理想有多困难。只有认清自己的理想，才更容易将理想变成现实。

二、设计好目标

成功的道路是由目标"铺就"的，看不到目标容易让人产生恐惧和疑惑。理想是一种长远的目标，在实现理想的过程中，应该把其一步步细化、具体化，从一个个小目标做起，一步一个脚印，慢慢朝目标迈进，才能实现最终的愿望。

三、做好计划

良好的行动始于计划。要想更好地达到自己的目标，就应该对自己在这一阶段应该做的事进行规划。在分析了自己的现状以及实现目标的各种条件之后，可以把要做的事情一项一项列出来，并按照难易程度、先后顺序排列好，选择评估各种方法，从中选择最适合自己的方法，制订出相应的计划。

四、学会有效利用时间

时间总是在不知不觉中就悄然溜走。珍惜时间，合理地利用时间，会让我们的生

活更加丰富多彩，也能更快地实现自己的理想。合理利用时间，可以从这些方面入手：第一，专注于自己的目标，适当放弃其他一些不太重要的事情；第二，养成写清单、做记录的习惯，排出计划表并按时完成；第三，利用零碎时间完成一些小事；第四，合理管理和利用业余时间。

五、学会奖励自己

自我奖励是一种有效地激励我们朝目标奋进的方法。每实现一个小目标，都可以小小地奖励自己，让自己做起事来始终保持快乐的感觉。在奖励自己的时候应该注意，奖品应该是自己喜欢的事物，否则难以达到效果；另外，奖品要及时兑现，否则会引起失望，使我们朝理想而奋斗的动力减弱。

心海拾贝

理想引领人生

哲学家尼采说："人唯有找到生存的理由，才能承受任何境遇。"

尼采所说的"生存的理由"，就是人们常说的"人生目标"或"理想"。其实道理很简单：如果一个人看不出生活中还有什么意义可言，看不到可以追求的理想和目标，他多半就会想当然地认为，自己可以原地踏步，可以堕落。在日常生活和工作中，因为缺少理想而裹足不前或者沾染上懒惰懈怠、安于享乐等坏习惯的例子屡见不鲜。从本质上看，缺乏激情或缺乏上进心的人，十有八九是找不到真正可追寻的目标或理想的人。

大家不必刻意地问自己"我到底为什么活着"，因为最重要的并不是我们要从生活中得到什么，而是生活本身对我们的期望是什么。就像著名心理学家维克托·弗兰克说的："人们不必问自己，生命的意义是什么，而必须认识到，自己才是被生命诘问的人。"维克托·弗兰克的意思是说，生命本身会时常问每一个人：你的理想和目标是什

么？作为一个人，不应当在“人为什么活着”或“生命的意义是什么”之类的问题上有丝毫的犹豫。每个人都有责任找到自己的理想，并有责任用实际行动来实现它。

每一个成功的人都有着对理想的责任感和对人生的使命感，这也是他们能够走向成功的最重要的内因之一。也就是说，想要做最好的自己，就要有清晰的理想和人生目标。

理想是引领人生的灯塔。没有理想，就没有坚定的方向。没有方向，就没有充实的生活。

心理么么茶

约翰·戈达德的“梦想清单”

1940年的一个下雨天，一个15岁的男孩在厨房里写下了一生中要完成的127条目标。在之后的半个多世纪里，他从未忘记自己的梦想。迄今，他已完成了127条中的111条，以及其余500多条15岁之后设立的目标。这个男孩就是被称为“当代印第安纳·琼斯”的探险家约翰·戈达德。

和许多男孩一样，自儿时起戈达德就梦想着有朝一日成为一位探险家。在他的幻想里，探险家是那种住在丛林里，整天与土著居民和野兽为邻的人。和许多男孩不同的是，在长大的过程中，戈尔德从来没有改变自己的主意，也没有从自己的雄心壮志面前退缩。

去尼罗河、刚果河探险，攀登珠穆朗玛峰、乞力马扎罗山，环游世界；重游马可·波罗和亚历山大大帝走过的路线，在维多利亚湖游泳，去澳大利亚大堡礁潜水，学会飞行，阅读《大英百科全书》，学习法语、西班牙语以及阿拉伯语；结婚生子，体重保持在175磅以内，活到21世纪……

戈达德把这127条包罗万象的目标称为自己的“生命清单”。“一切都从写下目标的那刻开始。”戈达德说：“如果你真知道你一生想要什么，你会惊奇地发现帮助你实

现梦想的机会会自己跑来。”

在半个世纪的时间里，戈达德一边工作，一边用有限的时间、精力和金钱完成了一个又一个看似不可能完成的目标：

他登上了包括马特、阿拉拉特、乞力马扎罗、斐济、兰尼埃和大蒂顿等在内的12座高峰。

他跟随马可·波罗的路线，通过中东、亚洲，来到中国。

他是第一个探索世界上最长河流尼罗河的人，也是第一个徒步走完刚果河的人。

他到过世界122个国家，曾与260个不同的原始部落一同生活。

他探索了佛罗里达水下的珊瑚礁和澳大利亚的大堡礁。

他会驾驶40种不同类型的飞机，至今仍然拥有民用航空飞行执照。

他仔细阅读了《圣经》、《大英百科全书》等书籍，并学会了讲法语、西班牙语和阿拉伯语。

……

戈达德的成功源自两个简单又容易复制的“秘密”：“选择伟大的目标，并总把目标写下来。”

4. 努力挑战自我

成长语录

我们最大的敌人就是我们自己，试着与自己“对抗”，也许会有意想不到的收获。

心灵絮语

呼哈哈，太胖了跑不动呀！

1

2

不行！我一定要制订一个减肥计划……

老爸，我要减肥，请监督我！

3

4

耶！

自从上学以来有个问题就一直困扰着小胖，那就是每学期都会有的800米长跑考试。

每次在最后200米时，同学们都会在终点帮自己加油。看着同学们的热情，小胖也想跑得快一点，更快一点。

但是身体却不听使唤。这个时候，小胖总是讨厌自己这一身的肉，想把它们统统都丢掉。这样，他就能跑快了。

这一次，小胖终于下定决心要减肥了！是的，小胖开始减肥了。

为了证明自己也可以跑得很快，小胖向自己发起了挑战。他制订了一系列计划，包括饮食、运动和生活作息时间等，并让爸爸也加入计划中，让爸爸监督自己。

小胖每天都按照计划在实施，不吃零食，每天早上6点起床跑800米，饭不吃得太饱，等等。

不知不觉到了学校的运动会了，小胖为了检验自己的训练成果，报了男子800米的比赛。

结果不负众望，小胖不仅轻松跑完了，而且还拿到了全校男子800米比赛的第三名。

小胖也减肥成功了。

我来想一想

1. 你有过和小胖类似的经历吗？你是怎么做的？
2. 你觉得小胖成功的原因是什么？
3. 如果要你完成一件事情，你会怎么做？

心理博士说

就像小胖一样，在生活中，我们有时会因为一些自身的原因而影响到自己的生活和学习。身体过胖会使得做一些运动的时候不方便，小胖意识到自己身体的问题后，决心要改变现状，从而向自己发起了挑战，并通过自己的努力获得了成功。

很多时候我们自己会成为成长之路上最大的阻碍，这时我们需要战胜自己，以便能继续走下去。只要我们敢于并善于挑战自我，我们的成长之路就会越走越宽。

我们可以这样做：

一、下定决心

一件事情能否成功完成，关键要看你的决心有多大。要想成功，我们必须先有强烈的想要成功的欲望。成功来源于你是想要，还是一定要。如果仅仅是想要，可能你什么都得不到；如果是一定要，那就一定有方法可以得到。成功来源于我要。我要，我就能；我一定要，我就一定能。所以，如果你下定决心要做好一件事，那么不会有任何事情可以阻止你的。

二、做好规划

把要做的事情写下来有助于督促我们按照计划去实施，不会因为其他原因而遗忘或者打乱原来的计划。想要做好规划，首先必须有一个行动的目标；其次必须对自己当前的状况以及自己的特点有充分的了解。在此基础上制订的计划，才更具有针对性。在制订计划时，不妨征求一下父母、同学等的意见。

三、认真履行

“说得好不如做得好。”计划做得再好，不去实行它，也是没有用的。所以，把计划付诸实践是很重要的一个环节。只有我们真正地去做，才会有收获。在执行计划的过程中，我们应当尽量按照自己的计划来做。如果不能很好地执行我们的规划，就要学会分析原因：如果是制订的计划不合理，就要及时调整自己的规划；如果是由于自身的原因造成的，则要吸取教训并进行改正。

四、找人监督

在实行计划的过程中，找人监督是一个很好的方法。监督自己执行计划的可以是自己的父母，也可以是老师或者朋友。别人不仅可以督促我们的计划实施，还可以对计划中存在的问题提出意见，帮助我们更好地完成计划。例如，我们可以拟订一份计划实施情况的记录表，让监督自己的人对完成计划的情况进行评估，以便帮助我们更好地了解计划的实施情况，有的放矢，更好地达成目标。

心理大侦察

你善于挑战自我吗？

在日常的学习和生活中，我们不但要挑战别人，有时还要不断挑战自我。你能挑战自我，攀登你的目标最高峰吗？你能为自己设立更高更难更大的目标，并且为此而奋斗吗？现在一起来测试一下吧，看你是不是一个善于挑战自我的超级赢家！

在下面的测试题中，大部分题目均只有两个选项，选“是”的记5分，选“否”的记1分；少部分题目包含多个选项，请按照括号后的分值计分。测完后将各题得分相加算出总分。

1. 你生活在一个和睦而温馨的家庭中，你的心中洋溢着温暖的幸福感。

A. 是　　B. 否

2. 在日常生活中，你有很多兴趣，也有很多朋友，你将自己的业余生活安排得丰富多彩。

A. 是　　B. 否

3. 在节假日或周末，你的家庭总喜欢约其他家庭一起外出郊游或聚会。你在这些郊游和聚会中也感到特别兴奋、有趣。

A. 是　　B. 否

4. 按照你的年龄和身高综合计算，目前你的体重很理想，既不超重也不严重偏瘦。

A. 是　　　B. 否

5. 算一算，你是否每周都能参加三种令你开怀大笑的课外活动？

A. 是　　　B. 否

6. 除了上体育课，你每周能积极主动地参加一次体育锻炼吗？

A. 不参加活动（0分）　　　B. 活动一次（1分）

C. 活动两次（3分）　　　D. 活动三次（5分）

7. 在日常生活中，你不喜欢挑食，有什么吃什么是你的宗旨。在每天的伙食中，你能吃到鱼或肉，也能吃到蔬菜和水果。

A. 是　　　B. 否

8. 上周你是否遇到了特别高兴的事情？

A. 一次都没有（0分）　　　B. 一次（1分）

C. 两次（3分）　　　D. 三次（5分）

9. 放学回家后，你觉得家是你可以依靠的港湾，你经常在饭桌上和父母谈论学校里发生的事情。

A. 是　　　B. 否

10. 在日常生活中，你会经常列一份清单，你不喜欢浪费时间。

A. 是　　　B. 否

11. 你每天醒来都觉得是美好一天的开始。

A. 是　　　B. 否

12. 你不会在考试前翻来覆去睡不着，也不担心自己会考砸。

A. 是（5分）　　　B. 偶尔有一次（−1分）

C. 偶尔有几次（−3分）　　　D. 经常这样（−5分）

13. 当进入校门的时候，你觉得自己充满活力和挑战性，特别是在各种比赛中，你觉得自己有使不完的劲。

A. 是　　　B. 否

14. 你总是能快速而准确地完成老师布置的作业，并且还主动为自己布置一些课外题。

A. 是　　B. 否

15. 如果老师在考卷上出了两道附加题，你总会想尽办法做出这两道题吗？

A. 是　　B. 否

16. 如果老师派你当班级代表去参赛，你能充满自信地参加吗？

A. 是　　B. 否

测试结果及分析如下：

30分以下：挑战自我的能力较弱

你在生活中胆小谨慎，害怕做出可能带来失败的事情。你对自己缺少足够的自信，所以也很少主动挑战自我。在你的行为准则中，你抱着“得过且过”的态度。

建议：如果你想令自己更上一层楼，就必须拿出勇气做一些不敢尝试的事情！你应该相信，别人能行，你也一定能行。你没有试过，怎么知道你自己不行呢？

31 ～ 50分：偶尔具备挑战自我的能力

当你和老师或家长谈过话后，或看了一本激励你的书后，你就特别有勇气，敢于挑战自我，为自己制订一些更高的目标以及行动方案。其实，你挑战自我的时候总处于一种被动状态，这说明你还不够看好自己。

建议：周围的人或许经常会对你说：“你这么聪明，应该更出色。”所谓旁观者清，或许就是这个道理。也许你不看好自己，但是别人说的未必不对。你应该多尝试，多参与那些你以前没兴趣的事情，这样不但能增强你的自信心，也能让你发现挑战自我后的成功是一种多么美妙的感觉。

50分以上：挑战自我的能力较强

你是一个充满激情并坚持为目标付诸行动的人。在你的世界里，你相信自己很优秀、很出色，所以你敢于挑战自我，并敢于接别人不敢接的任务。

建议：要明白，挑战自我时不要给自己设定过高过难、超出自己承受范围的目标。如果目标定得太过头，不但容易受挫，也容易令自己怀疑自己。

心理么么茶

敢于挑战的编辑

一家公司招聘编辑，招聘的考题是修改一篇稿子。

当考试开始的时候，有一位小伙子拿起稿子就提起笔大刀阔斧地修改起来。直到接近尾声的时候，他才无意识地抬起头来，竟然看到其他应聘者都用一种异样的眼光齐刷刷地看着他，他瞥了一下他们的稿子，发现很少有修改的痕迹。

怎么回事？难道是自己没看清要求？低头再看稿子的时候，他才知晓稿纸上有一行不起眼的小字——《海明威全集》，也许正是这行小字，才让其他人不怎么敢动笔吧！现在该怎么办？是放弃修改，和其他人一样，默默地等待，还是继续自己的想法，修改到最后？

思考片刻之后，他还是尊重了自己的选择，决心给自己一次挑战，把自己真实的修改意见一字不漏地写了下来。

结果当然是可想而知的，这位敢于挑战的小伙子被录用了。

读完这个故事，你有什么想法呢？我相信，你会和我一样，会向小伙子跷起大拇指，并向他学习的。那么就让我们从现在做起吧，不盲目崇拜权威，向难题进攻，向书本质疑，向自己挑战……做一个敢于挑战的新时代少年。

5. 成为别人的榜样

成长语录

每个人都有自己的兴趣爱好，找到它们并为之努力，就一定会取得成功，成为别人的榜样。

心灵絮语

一次车祸无情地把子怡的双腿夺走了，但子怡并没有失去生活的信念和梦想。她的梦想是当舞蹈家。在学校，子怡和同学们一样，爱笑爱闹，会在走廊上和好朋友们玩追逐的游戏；会参加话剧社的排练；会在美术课上画下自己未来的样子——身着长裙的美丽舞蹈家。她灿烂的笑容，就像学校的校花——向日葵，阳光、积极、坚强。不仅是舞蹈，蒋张子怡还在积极地学习声乐。每逢周末，她都会接受音乐老师的一对一辅导。虽然只学习了一年的时间，但只要谈到她的表现，老师总是赞不绝口。子怡阳光开朗，不但成绩优秀，而且深得老师、同学的喜欢。她极具感染力的招牌笑容一直挂在脸上。课间，她和同学们一起开心玩耍，碰到上厕所等问题，爱心小组的同学会热心相助。滑板是她在家行走的工具，漱口、洗脸……日常的生活，她都能搞定。

子怡的乐观开朗和对梦想的追求让大家都为之感动，她也成为大家学习的榜样。她的事例还被改编成了电影《天梦》。

我来想一想

1. 子怡失去了双腿，她是如何面对生活的？
2. 子怡是我们的榜样，我们要向她学习什么？
3. 今后遇到困难你会像子怡一样乐观面对吗？

心理博士说

在每个人成长的过程中都会有自己的榜样，同时也可以努力成为他人的榜样。成为他人的榜样并带给他们积极的影响也是一种荣幸。但是，做一个榜样是不容易的，做别人的榜样也是有一定的难度的。

要成为他人的榜样，我们可以：

一、找到自己的优势

“金无足赤，人无完人。”每个人的兴趣或者喜欢的东西都不一样，在自己的各种兴趣中真正擅长的东西也并不一样，所以我们首先要找到自己的优势所在，如绘画、唱歌、跳舞、打篮球、跳高、长跑等。我们可以留心思考一下自己最喜欢做的是什么，自己最容易在哪个方面取得进展；也可以向家人或好朋友请教，在他们心中自己最擅长的是什么？这样可以更好地帮助我们找到自己的优势。

二、脚踏实地，付诸行动

结合自己的兴趣和优势，根据客观条件以及自己的特点，在实践中发挥自己的优势，努力积累相关经验，争取在提升自己能力的同时将自身的优势更好地表现出来。

三、学会调整自己的心态

在生活中，每个人都要面对成功与失败，但是一定要牢记我们的目标，百胜而志不骄，百败而志不折。既不要躺在暂时成功的温床上裹足不前，也不要沉迷于失败的伤痛之中气馁不已。要学会调整好自己的心态，让自己始终保持前进的动力。要记住，失败和成功都不是长久的，只要将“胜不骄，败不馁”常记于心，我们便可以成功。

四、养成好的习惯

习惯是一种长期形成的思维方式和处世态度，是由一再重复的思想行为形成的，具有很强的惯性。人们往往会不由自主地启用已经形成的习惯。因此，养成好的习惯是成功的关键。从现在开始养成好的习惯，如积极思考、立即行动、珍惜时间、学会坚持等，有助于达成目标。好的习惯是一笔财富，一旦拥有它，你就会受益终生。

五、坚持自己的梦想

苏格拉底曾说：“世界上最快乐的事，莫过于为理想而奋斗。”我们正处在追梦的年纪，一定要找到并坚持自己的梦想。在实现梦想的途中有时会遇到障碍，你需要接受这个现实，并相信自我的判断。在这个过程中你可能会犯错误，但不要气馁，要珍视自我的潜能。生命中最珍贵的礼物不是花钱能买来的，而是通过努力和决心获取的。只要你坚持不懈，最终的目标大多能实现。

心海拾贝

榜样的力量

罗伯特·西奥迪尼是美国著名的心理学家，是亚利桑那州立大学的心理学教授。

有一天，他在纽约结束了一天的工作之后乘地铁去时代广场站。当时正值下班乘车的高峰期，人们像往常一样沿着台阶蜂拥而下直奔站台。

突然，罗伯特·西奥迪尼看到一个衣衫褴褛的男子躺在台阶中间，闭着眼睛，一动不动。赶地铁的人们都像没看到这个男子一样，匆匆从他身边走过，个别的甚至是从他身上跨过，急着乘坐地铁回家。

看到这一情景，罗伯特·西奥迪尼感到非常震惊。于是，他停了下来，想看看到底发生了什么。就在他停下来的时候，耐人寻味的转变出现了，一些人也陆续跟着停了下来。

很快，这个男子身边聚集了一小圈关心他的人，人们的同情心一下子蔓延开来：有人去给他买了食物，有人通知地铁巡逻员叫来了救护车……

为什么起初人们会对这个衣衫褴褛的男子熟视无睹、漠不关心呢？

罗伯特认为，其中的一个重要原因是：在熙熙攘攘、匆匆忙忙的人流中，人们往往会陷入完全的自我状态，在忽视无关信息的同时，也忽视了周围需要帮助的人。这就像一位诗人说的那样，我们“走在嘈杂的大街上，眼睛却看不见，耳朵却听不见”。在社会学中，这种现象被称为“都市恍惚征”。

为什么后来人们对这个衣衫褴褛的男子的态度会有了较大的改变呢？

罗伯特·西奥迪尼认为，其中一个最重要的原因：因为有了一个人的关注，致使情况发生了变化。当时，自己停下来，仅仅是要看一下那个处于困境中的男子而已。路人却因此从“都市恍惚征”中清醒过来，从而也注意到了这个男子并开始用实际行动来帮助他。

因为看到别人的善举，而对自身的心理产生了冲击，进而引发出行善的愿望和行动，心理学家将这种变化称为“升华”。心理学家的研究表明，帮助病人、穷人或者是其他处于困境中的人，最容易引起人们的升华。

而我们在成长中将自己的特长变为优势也是一种升华。要成为别人的榜样，我们就需要不断升华，用自己的升华去影响他人。

心理么么茶

左手钢琴大师加里·格雷夫曼

知名钢琴演奏家格雷夫曼3岁学钢琴，7岁破格进入柯蒂斯音乐学院。1949年，在赢得著名的利文特里特音乐大奖之后，他成为古典音乐界的风云人物和精英钢琴家中的超级明星。此后的30年里，他巡演的足迹遍布世界各地，每年平均超过100场，在各类独奏或协奏音乐会上演奏钢琴史上最高难度的作品。至今他仍然是唯一与美国五大交响乐团录音的钢琴独奏家。

1979年，格雷夫曼的右手不幸受伤，这无疑是对格雷夫曼钢琴事业的巨大打击，医生和音乐教授都告诉他："你不能再弹奏了。"这对音乐事业正值鼎盛时期的钢琴家来说不啻最大的打击。他好像一夜间从山顶跌到了山谷。但他很快重拾自信，并要重新证明自己。经过几年的休整之后，格拉夫曼以超人的毅力专攻左手演奏的作品。

演奏钢琴通常右手弹旋律，左手弹和弦，要用一只手来表现两只手所能达到的丰富音色和美妙旋律是极其困难的。这需要左手的五个手指具有非常高的独立性，比如：左手拇指和食指弹奏旋律，中指和无名指伴奏，小指弹奏低音；左手在弹奏中需要进行大跨度的跳跃，因此需要极高的大跳技巧；为了弥补单手独奏音色的不足，双脚又必须交替踏中踏板和右踏板来延长低音时间，丰富音色……对于钢琴家来说，要想达到完美的左手独奏，是一次非常痛苦的重生，但是格雷夫曼通过严酷的训练做到了！

1985年，他和祖宾·梅塔及纽约爱乐乐团成功演奏了北美近代协奏曲，这为他赢得了“左手传奇”的美誉。

格雷夫曼还是一位伟大的钢琴教育家，他执掌著名的柯蒂斯音乐学院二十余年，培养出了许多杰出的钢琴家，包括郎朗、王羽佳、张昊辰、莉迪亚·阿蒂缪等。

他的一生都在书写一个传奇——让自己成为别人的榜样！

——选自《未来无限可能》